W0371893

S'émanciper à deux

Antoine de Gabrielli

S'émanciper à deux

Le couple, le travail et l'égalité

éditions du
ROCHER

Tous droits de traduction, de reproduction
et d'adaptation réservés pour tous pays.

© 2024, Groupe Elidia
Éditions du Rocher
28, rue Comte Félix-Gastaldi – BP 521 – 98015 Monaco

www.editionsdurocher.fr

ISBN : 978-2-268-11000-4
EAN Epub : 9782268110271

Introduction

En France, si on y réfléchit bien, nous avons beaucoup fait pour faciliter le divorce ou la vie des parents séparés, et c'est très bien comme ça, mais finalement pas grand-chose pour faciliter la vie des couples. Pourtant, en général, le premier objectif d'un couple, s'il est heureux, c'est de continuer à vivre ensemble. On peut renoncer à un travail, déménager d'une ville ou quitter un pays, accepter d'avoir plus ou moins d'enfants, et même partir en vacances chez Belle-Maman, pour le bonheur d'être à deux. À coups de dons mutuels et parfois de sacrifices, chaque couple essaie, tant bien que mal, de rester un couple.

En 1949, Simone de Beauvoir, dans *Le Deuxième Sexe*[1], appelait à l'émancipation des femmes par le travail. Aujourd'hui, dans la majorité des couples, les conjoints exercent chacun une activité rémunérée hors du cadre familial. Ils affrontent désormais de nouveaux enjeux : pas facile d'être engagé dans une vie professionnelle tout en restant disponible pour l'autre et pour ses enfants. Sans parler de ce qui tient à cœur en dehors du cadre familial : vie associative, politique ou sociale, vie culturelle, artistique, sportive, religieuse… C'est particulièrement difficile

1. Simone de Beauvoir, *Le Deuxième Sexe*, Gallimard, 1949.

pour les femmes, qui subissent, plus que les hommes, la double charge mentale de la vie privée et du travail. C'est difficile pour les hommes aussi, qui investissent beaucoup dans leur vie professionnelle au détriment de leur vie privée, parfois parce qu'ils sont conditionnés ainsi, parfois parce que c'est leur choix, mais parfois aussi parce qu'ils n'ont pas d'autre choix.

Finalement, nous passons chaque jour l'essentiel de notre temps avec des gens qui sont des relations professionnelles, en général imposées, et nous ne gardons pour notre précieux conjoint que quelques malheureuses heures hebdomadaires, une fois assumé l'ensemble de nos enjeux professionnels, personnels, familiaux ou sociaux.

Pour rester un couple, ce n'est pas ce qu'il y a de plus logique.

À deux, comment réussir nos vies professionnelles tout en assumant nos responsabilités privées essentielles, à commencer par nos responsabilités familiales ? Comment ne pas faire de notre vie de couple une variable d'ajustement entre les différents enjeux de notre vie ? Comment faire pour que la réussite professionnelle de l'un ne se fasse pas au détriment de celle de l'autre ? Comment, surtout, parvenir à penser ensemble le sens de notre *travail de couple*, qui intègre toutes les formes de travail, rémunérées ou non, mobilisées par chaque conjoint ?

La question de l'égalité professionnelle entre hommes et femmes est un révélateur des principaux défis posés aujourd'hui aux couples par le travail moderne. Un couple est à la fois une unité sociale, reposant sur une force de travail multidimensionnelle – professionnelle, familiale et sociale –, et le lieu d'arbitrages permanents entre les conjoints, en vue d'assumer au mieux la globalité de ce travail. Loin d'opposer les hommes et les femmes, l'égalité professionnelle les invite au contraire à questionner en couple cette force de travail, le sens qu'ils veulent lui donner et la façon de l'engager au quotidien : comment assumer chacun son ambition tout en répondant aux enjeux essentiels de son couple, préservant ainsi sa durabilité ? En offrant aux couples un chemin d'intelligence et de dialogue, mais aussi une voie d'émancipation et de soutien à la vocation de chacun, l'égalité est une pédagogie moderne pour construire un projet de couple ouvert aux attentes des hommes et des femmes d'aujourd'hui.

Entre le mode de vie des grands-parents, celui des parents et celui des trentenaires d'aujourd'hui, il n'y a plus aucun rapport. Pourtant, les couples sont toujours les mêmes : ils se rencontrent, s'aiment, travaillent, ont souvent un ou plusieurs enfants, font des projets, s'engueulent, se retrouvent, se ré-engueulent et se re-retrouvent, et vivent ensemble d'une manière ou d'une autre jusqu'à ce que le désamour ou la mort les séparent un jour.

Les grandes évolutions économiques et sociales se sont faites au fil de l'eau : elles ont le plus souvent été réalisées pour libérer les individus, sans trop réfléchir à ce qu'elles signifiaient pour les couples. Dans le monde moderne, la complémentarité entre conjoints, qui était l'axe du monde ancien, a fait place à une égalité qui désormais peut donner lieu à une compétition à l'intérieur même des couples : les disponibilités professionnelles et familiales de chacun s'opposent dans une épuisante course contre le temps, qui conduit par la force des choses à des confrontations.

C'est une différence immense. Dans ce contexte nouveau, qu'est-ce qu'être un couple aujourd'hui ? Quelle est la *valeur* d'un couple ? En quoi est-ce important d'être en couple ? Quelles sont les priorités, les hiérarchies à définir dans le monde d'aujourd'hui et comment réussir à s'y conformer durablement ? Le travail est-il l'allié ou l'ennemi des couples ? L'État et le monde économique sont-ils concernés par la montée statistique des séparations ou la baisse de la natalité, ou est-ce un sujet exclusivement du ressort de la vie privée ?

Il n'y a rien de plus émouvant qu'un couple qui se crée. Ce miracle n'arrive pas seulement au cinéma : il survient aussi dans la vraie vie, pour chaque couple, à n'importe quel âge, dans n'importe quel pays. Week-end à Rome, terrasse de café provençal, promenade au jardin du Luxembourg, mais aussi conférence, formation ou séminaire... Tous les couples qui ont duré un minimum, même ensuite séparés, peuvent raconter des années après le moment de leur rencontre, le premier regard, le premier sourire, les premiers mots, le premier geste, le premier baiser, la première chambre... C'est d'ailleurs le fil rouge (en noir et blanc) du film *Quand Harry rencontre Sally*, où de vieux couples, composés ou recomposés, racontent *comment c'est arrivé*. Ces miracles, si communs, sont pourtant fragiles, nous le savons tous : ils peuvent se briser sur la vie quotidienne, les incompréhensions, les absences, les distances et les silences, mais aussi sur les sentiments et les désirs changeants.

Le travail moderne a décuplé la capacité créatrice de l'humanité, permis d'extraordinaires progrès matériels et scientifiques et révolutionné les modes de vie. Il a aussi permis l'émancipation des femmes : c'est un formidable acquis historique. Mais alors que le travail unissait les couples dans les temps anciens, certes sous le joug pesant de la nécessité vitale, il tend aujourd'hui, au contraire, à les désunir en individualisant la réussite de chaque conjoint. Les conflits d'intérêts divisent les couples. Pour favoriser leur durabilité, nous avons aujourd'hui à penser le monde, celui-ci et celui à venir, à partir des couples et non pas seulement des individus. En particulier, comment faire pour que le travail, qui favorise la création des couples, nous le verrons, ne soit pas aussi l'un des principaux responsables de leur dissolution ? Comment réussir à ce que les couples résistent à une économie qui les soumet à ses intérêts ?

Soixante-quinze ans après la parution du *Deuxième sexe*, c'est aux couples que se pose aujourd'hui la question de l'émancipation.

Première partie

Couple et travail : une longue émancipation, de nouvelles fragilités

Nel mezzo del cammin di nostra vita, mi trovai
per una selva oscura, che la diritta via era smarrita[1].

Dante Alighieri, *La Divine Comédie,*
L'Enfer, premier chant, premier vers.

1. « Au milieu du parcours de ma vie, je me trouvai dans une forêt obscure, où je ne distinguais plus un chemin droit. »

1

Avant 1850, une conjugalité fondée sur le travail

Un travail réalisé en couple dans l'espace familial

Pour mieux comprendre la nouveauté radicale que vivent les couples d'aujourd'hui, commençons par tracer un portrait très rapide – en essayant néanmoins d'éviter tout simplisme –, de l'époque qui précède la nôtre.

Avant l'époque *moderne*, qu'on peut faire commencer à la révolution industrielle, c'est-à-dire au mitan du XIXe siècle, le travail des hommes et des femmes a globalement assez peu évolué. Pierre-Yves Gomez, dans *Intelligence du travail*[1], indique que « pendant des siècles, la société était paysanne et vivait en quasi-autarcie. On fabriquait son pain, son beurre, on vivait du potager, on filait la laine. Le travail domestique permettait de se nourrir, de tisser, de bâtir ou de soigner et il représentait presque tout le travail dans la société ».

1. Pierre-Yves GOMEZ, *Intelligence du travail*, Desclée de Brouwer, 2016.

Certes, les techniques se sont beaucoup développées, l'agriculture et l'artisanat ont fait de considérables progrès, l'habitat s'est profondément transformé, des marchands internationaux ont parcouru la terre entière grâce au concours de banquiers inventifs et de navigateurs intrépides, des écrivains, poètes, artistes, scientifiques ou religieux ont produit des œuvres extraordinaires, mais la structure autarcique de la division du travail dans les couples s'est globalement maintenue jusqu'au début de l'époque moderne. Les femmes assument principalement la part du travail des champs demandant une moindre force, le commerce et la vie sociale de proximité, l'économie domestique et la responsabilité des enfants ; aux hommes sont dévolus les travaux de force ou de risque, les techniques et les transports, la vie politique et sociale, la défense du foyer et la guerre. Cette division sexuée du travail se retrouve, avec des variations individuelles ou locales, à peu près à l'identique dans le monde entier.

En quantité, les femmes travaillent autant que les hommes, mais leurs travaux demandent moins de puissance physique, plus de minutie et surtout moins de déplacements. Les tâches agricoles sont réparties selon ce principe. Dans l'artisanat et le commerce, les hommes assument les métiers de forgerons ou menuisiers, boulangers ou bouchers, les femmes ceux du textile, de la poterie ou de la vente. Le travail des femmes comprend toujours en supplément le soin des enfants, qui sont souvent nombreux, mais dont beaucoup décèdent en bas âge : à la fin du XVIIIe siècle, la mortalité avant 5 ans est proche de 50 %. Les enfants sont indispensables comme force de travail, mais aussi pour assurer la subsistance de leurs parents quand la vieillesse ou la maladie surviennent.

Un point est caractéristique de cette très longue période préindustrielle : la grande majorité des métiers sont réalisés, tant par les hommes que par les femmes, au sein de l'espace familial, dans lequel les deux membres du couple collaborent selon une répartition des tâches qui est propre à chaque métier. L'atelier, le commerce ou la ferme font toujours partie de l'habitation, à moins que ce ne soit l'inverse. Si les hommes et les femmes n'assument pas les mêmes tâches, l'unité du lieu de travail et d'habitation fait qu'il n'y a pas de séparation, au sens où nous pouvons l'entendre aujourd'hui, entre le travail des hommes et des femmes : c'est le couple qui est l'unité économique de base, beaucoup plus que l'individu, homme ou femme. C'est au sein du couple que se mettent en place les complémentarités de travail entre hommes et femmes, sans hiérarchie particulière entre les fonctions sexuées. Un exemple en est donné par le couple formé par Martin Luther et sa femme Katharina von Bora. Dans la lettre où il lui fait part de ses intentions matrimoniales, Luther lui demande non pas si elle l'aime, comme on pourrait s'y attendre mais… si elle sait brasser la bière. Après leur mariage en 1525, Katharina prend effectivement en charge non seulement le brassage de la bière, mais aussi la pisciculture, l'apiculture, le travail de la terre, l'élevage de volailles, l'entretien et la réfection des bâtiments ainsi que l'hébergement des étudiants de son mari, lui-même se consacrant à l'enseignement et aux prêches.

À l'époque, les mariages « de raison » donnent un cadre juridique et social à la future famille, mais formalisent aussi l'union de deux forces de travail, de terres, de capitaux ou de rentes, qui permettent l'activité économique du couple. Le mot même de *conjugalité*, ou celui de *conjoints*, traduit ce joug – du latin *jugum* qui désignait la pièce de bois qui unit deux animaux de trait – tiré à deux du travail et de la vie, procédant du même pas lent et régulier que celui des bœufs de l'agriculture préindustrielle.

Une harassante nécessité subie

Marqué par l'Antiquité, où il était en partie dévolu aux esclaves, par la théologie de la Chute et par l'étymologie du *tripalium* – appareil de torture –, le travail est d'abord une peine. Jusqu'à la révolution industrielle, sauf si l'action se place dans la continuité de la création divine, travailler n'est jamais considéré comme une valeur, encore moins comme une émancipation, mais plutôt comme l'humaine condition à laquelle sont condamnés hommes et femmes : aux premiers le travail « à la sueur du front » et aux secondes, celui de l'accouchement avec, en plus, dans les faits, le travail à la sueur du front aussi.

Le travail est alors presque toujours subi. Travailler n'est pas une liberté, ou un choix, mais une contrainte quasi universelle : c'est une harassante nécessité de subsistance qui occupe l'essentiel du temps humain. En Europe, c'est seulement grâce à l'Église, qui impose dimanche et jours fériés chômés, qu'hommes et femmes bénéficient de temps de repos réguliers. Travailler est le lot commun de ceux – immensément majoritaires – qui n'ont pas réussi, par l'héritage ou, à certaines époques, la violence et le pillage, à s'assurer une source de revenus qui les en dispense. Grâce aux rentes et pensions, les membres de l'aristocratie ou les roturiers dont le talent est reconnu sont libérés du travail au sens où nous l'entendons aujourd'hui. La noblesse de robe assume des charges administratives et juridiques essentielles à l'État et les meilleurs scientifiques ou artistes reçoivent du roi des pensions. Le statut des sociétaires de la Comédie-Française, créée par Louis XIV en 1680, en est encore aujourd'hui un témoignage vivant. Les activités aristocratiques de l'esprit, de la politique ou de la guerre ne sont pas des métiers, mais correspondent davantage à un statut social. Quand un revers de fortune contraint un aristocrate à travailler, c'est-à-dire à devoir vendre le fruit de son travail, cette situation apparaît à tous comme un douloureux déclassement social : on dit alors qu'il *déroge*. S'il est encore célibataire, le mariage avec une femme de la bourgeoisie permet souvent d'éviter cette humiliation. Jusqu'au milieu du XIXe siècle, dire d'une mère de famille qu'elle ne « travaille pas » n'a aucun sens : tout est travail et tout travail est asservissant, quel que soit le sexe ou le milieu social. Dans la mesure où le travail n'est pas en soi une valeur, il n'y a pas de dévalorisation du travail des mères de famille. En revanche, dans la bourgeoisie qui s'affirme, l'accès à un certain niveau social se manifeste dès lors qu'une main-d'œuvre employée allège les tâches les plus pénibles de la maison.

En 1804, en France, après les troubles révolutionnaires, le Code civil formalise, à l'initiative et sous la direction de Napoléon, un nouveau droit familial, commercial et pénal. C'est un point de bascule : à l'instar de l'Empereur en France, le père de famille devient en droit le centre de la cellule familiale. Même si le système des dots permet à certaines de conserver une autonomie, le pouvoir économique des femmes est alors fermement inscrit dans la dépendance du conjoint. Le Code Napoléon va profondément inspirer au XIXe siècle la plupart des législations européennes, et même bien au-delà.

La révolution industrielle individualise le travail

À partir de 1850, ce modèle va profondément évoluer : les besoins spécifiques de l'industrie impliquent l'exercice du travail à l'usine ou à la fabrique, hors du domicile conjugal. Dans les couples, hommes et femmes sont séparés du lieu de vie commun, qui perd progressivement sa fonction productive. La révolution industrielle, qui génère l'exode rural, organise le travail humain non plus pour la subsistance du couple et de la famille, mais au service du développement des entreprises et, plus largement, de l'économie.

Dans l'ensemble du monde occidental, cette évolution est souhaitée et accompagnée par les pouvoirs politiques : elle produit un extraordinaire enrichissement des nations, et en particulier de leurs classes dirigeantes, et contribue à la création de puissances militaires de premier plan. Les compétences des hommes et des femmes s'adaptent alors à la demande industrielle, mais continuent à conserver une typologie proche des anciennes spécialisations sexuées : dans les mines, par exemple, les hommes creusent sous terre des tunnels avec pics et pioches, au risque de leur vie; les femmes, elles, sont à la surface pour trier les matériaux remontés par les chariots (criblage). Elles assurent toujours en complément l'entretien de la maison et le soin des enfants, dont la mortalité reste forte. Les nouveaux métiers de l'industrie lourde et mécanique sont très masculins, ceux du textile très féminins, une part importante en étant exercée à domicile. Dans ce nouveau cadre, chaque membre du couple va petit à petit émerger comme entité originale, devenant un individu économique et social, l'un travaillant séparément de l'autre. C'est une grande nouveauté au sein les couples, chacun bénéficiant désormais d'une autonomie inconnue jusque-là. Le salariat, travail rémunéré à l'extérieur du cadre familial, va progressivement devenir la norme dominante du travail pour les hommes puis pour les femmes. La période multimillénaire où le travail s'inscrivait obligatoirement dans le couple, et au sein du domicile conjugal, prend fin. De nos jours, ce modèle ne subsiste que dans les petites entreprises artisanales, agricoles ou commerciales, ou dans des régions où la culture – et la fiscalité – le favorise, comme en Italie du Nord ou en Bavière : la transmission des savoir-faire y passe encore souvent d'une génération à la suivante.

Dans un couple, le travail reste une nécessité économique, mais il est aussi devenu un choix personnel et non plus une assignation par le mariage ou l'héritage. L'individu s'impose presque partout dans l'économie et la société, le mot couple renvoyant désormais moins à une double force de travail[2] qu'à la vie privée. À l'échelle du travail et des couples, c'est une révolution copernicienne.

2. Sens qu'il conserve encore aujourd'hui dans le domaine technique.

Les femmes de la bourgeoisie s'émancipent

Parallèlement, les besoins de l'industrie et l'expansion du secteur tertiaire vont progressivement concentrer les populations dans les villes, au détriment du monde rural. La guerre de 14-18, en l'absence des hommes mobilisés au front, associe massivement les femmes au gigantesque effort de production industrielle et agricole. Cet événement planétaire entraîne une profonde refonte du droit civil et familial : entre les deux guerres mondiales ou juste après la seconde, les femmes bénéficient partout en Europe du droit de vote et de l'accès aux fonctions électives.

Dans les années 1960, alors que l'économie se modernise et demande toujours plus de main-d'œuvre, leur participation au monde du travail continue à s'étendre : le droit d'ouvrir un compte en banque ou de créer une entreprise, sans l'aval d'un père ou d'un mari, leur est autorisé. Dans les faits, elles géraient déjà le plus souvent le budget familial, le conjoint remettant traditionnellement entre les mains de son épouse la paye de la semaine ou du mois. La situation des femmes est toutefois à l'époque très différente selon le milieu social auquel elles appartiennent. Si celles des milieux populaires travaillent toujours beaucoup, « comme avant » pourrait-on dire, celles de la bourgeoisie restent encore, jusqu'en 1950, majoritairement en marge de l'évolution du travail. Pour elles, le travail salarié rattache encore aux classes sociales inférieures. Pour leurs conjoints, permettre à son épouse de ne pas être soumise au travail salarié est un objectif personnel, professionnel et social, comme cela se voit encore aujourd'hui dans certaines régions du sud de l'Europe. Quand un couple de milieu populaire parvient à un niveau d'aisance économique qui autorise la mère de famille à cesser un travail salarié, cette réussite constitue une fierté partagée et marque l'accession du couple à la petite bourgeoisie.

Dans ce contexte, l'univers féminin au sein de la bourgeoisie reste majoritairement celui des relations sociales, de la famille et de l'économie domestique. Des femmes d'exception émergent néanmoins, artistes, femmes de science, de lettres, ou d'affaires – parfois à condition que le concours, l'absence ou le décès d'un conjoint libère leur potentiel : c'est par exemple le cas de Marie Curie, de Maria Montessori, de Madeleine Brès ou de Simone Weil, mais aussi des veuves Pommery et Clicquot ou de Mademoiselle Chanel. Descendantes des brillants esprits féminins qui avaient marqué l'Ancien Régime, elles se distinguent toutes par des personnalités hors-norme, qui les portent à vouloir ardemment exprimer leurs talents… et vaincre les obstacles qui s'y opposent. Qu'il puisse y avoir un désir de véritable travail de la part de ces femmes est le plus souvent incompréhensible à la majorité de leurs contemporains masculins, pour qui le travail est alors encore essentiellement une condition de vie subie. Il ne l'est pas moins pour les femmes des classes populaires, qui supportent la charge harassante d'un pénible travail salarié, ajoutée à celle de la famille.

À la fin des années 1960, l'extraordinaire expansion économique de l'après-guerre demande sans cesse plus d'emplois productifs. Le réservoir de main-d'œuvre féminine, éduquée et disponible, est une ressource aussi idéale qu'indispensable à la croissance des nouvelles activités tertiaires. Les prodigieux progrès de la médecine, qui font s'effondrer la mortalité infantile, le développement de structures collectives dédiées à la garde d'enfants, et le dispositif moderne des retraites par répartition ou capitalisation, allègent la nécessité d'engendrer de nombreux enfants. L'invention puis la légalisation de la contraception féminine, la dépénalisation de l'avortement et le divorce par consentement mutuel finissent de rebattre les cartes du travail féminin. En parallèle, le niveau éducatif des femmes n'a cessé de progresser : à partir de 1968, très tôt donc, elles sont plus nombreuses que les hommes à décrocher leur baccalauréat. L'écart ne va cesser ensuite de s'accroître.

La libéralisation du divorce est, en particulier, un appel au travail des femmes de la bourgeoisie. Rendu plus facile en 1974 par la légalisation du consentement mutuel, le divorce demeure alors problématique dès lors que le revenu du couple est, avant la séparation, assuré en totalité par un seul des conjoints : c'est le cas dans la plupart des couples de la bourgeoisie. Certes, le principe des pensions alimentaires est conçu pour compenser cette difficulté, mais leur versement effectif est aléatoire et permet rarement aux ex-épouses d'éviter, sinon la pauvreté, au minimum une forte réduction de leur train de vie. Aussi l'émancipation des femmes, pour devenir réalité, nécessite-t-elle concrètement un revenu qui puisse assurer leur indépendance : en occupant un emploi, elles peuvent si nécessaire donner une faisabilité économique à une séparation désirée.

Entre 1970 et 2010, alors que, en France, le taux des femmes actives double en quarante ans, celui des divorces triple, de 50 000 à 150 000. 75 % des séparations sont demandés par des femmes. Aux États-Unis, si les femmes ont reçu une éducation supérieure, elles sont à 90 % à l'origine des divorces.

Le travail des mères de famille devient invisible

En parallèle, alors que des hommes de talent triomphent dans la politique, l'administration et le monde de l'entreprise, les femmes les plus éduquées constatent que leur travail traditionnel, centré sur les responsabilités domestiques et familiales, et l'action sociale ou culturelle de proximité, est devenu invisible : le travail est désormais principalement conçu comme rémunéré à l'extérieur du domicile conjugal. C'est une époque où, pour la première fois dans l'histoire, à partir des années 1960 donc, on peut dire de mères de famille qu'elles « ne travaillent pas », sans que l'expression ne choque le plus élémentaire bon sens. La formulation démontre une stupéfiante évolution de la notion de travail qui désormais ignore et donc dévalorise un pan gigantesque du travail humain, celui du travail familial et du lien social bénévole, principalement assumé par les mères.

Le mouvement était lancé depuis le début du XXe siècle : en 1901 déjà, la mesure officielle du travail familial était absente des premières statistiques économiques en Angleterre. Aujourd'hui encore, et ce dans tous les grands pays industrialisés, les statistiques nationales – PIB notamment – l'invisibilisent : cette part, pourtant déterminante de la richesse annuellement produite par une nation, échappe à toute valorisation économique. L'invisibilité statistique se double d'une dévalorisation encouragée par des femmes de haut niveau intellectuel, souvent indépendantes économiquement et sexuellement, dont Simone de Beauvoir est l'archétype. Dans *Le Deuxième Sexe*[3], elle estime que « le travail exécuté à l'intérieur du foyer [...] n'est pas directement utile à la collectivité, il ne débouche pas sur l'avenir, il ne produit rien ». C'est par ces femmes émancipées de l'après-guerre que l'idéal d'un épanouissement par le travail, associé au mépris du rôle traditionnellement assigné aux mères de famille, va petit à petit s'imposer au sein des femmes de la bourgeoisie : il devient bientôt la condition idéalisée de la femme moderne. Anoblie par le progrès économique et social, ouverte à toutes les classes sociales, désormais accessible aux hommes comme aux femmes, condition du progrès matériel et de l'accès aux nouveaux loisirs, l'activité professionnelle individuelle et hors domicile devient alors progressivement la norme sociale et le centre de toutes les attentions.

3. Simone de Beauvoir, *Le Deuxième Sexe*, *op. cit.*

2

Au sein des couples, une complémentarité entièrement rebattue

Le double revenu, une opportunité mais aussi une contrainte

Dans la seconde partie du XXe siècle, le mariage d'amour, union de deux personnes qui ne sont pas d'abord unies par un motif économique, balaye le mariage de raison. Alors que les générations précédentes avaient utilisé le mot « ménage » – dont *management* a été tiré –, ce terme fait progressivement place à celui de « couple », signifiant davantage la réciprocité des sentiments et l'égalité entre les conjoints : il s'impose définitivement à la fin des années 1960. Tiré de *copulare* – copuler en latin –, il sous-entend la place nouvelle prise par la sexualité dans l'union entre deux personnes, libérée par la contraception.

La notion de complémentarité dans les couples commence alors à être critiquée comme justifiant la relégation des épouses dans la sphère familiale. En deux générations, le travail des femmes génère un prodigieux développement de la consommation par l'augmentation mécanique du revenu disponible dans les ménages. L'émancipation des femmes par le travail amène toutefois l'installation progressive d'une autre forme, imprévue au départ, de complémentarité familiale. En effet, elle installe rapidement en retour, subrepticement, la dépendance de ces couples au deuxième salaire. C'est le cas, de manière emblématique, dans la classe moyenne émergente issue de l'ancienne classe ouvrière et employée. Mais cette dépendance va petit à petit faire tache d'huile : en une génération, elle remonte de la classe moyenne à la bourgeoisie. Pour une majorité de femmes, le travail est désormais devenu une nécessité économique tout autant que l'instrument de leur liberté et de leur valorisation sociale. Un exemple parmi tant d'autres illustre aujourd'hui cette dépendance : dans la quasi-totalité des grandes métropoles urbaines, la nécessité d'un double revenu est aujourd'hui devenue la condition *sine qua non* d'un logement décent, qu'il soit loué ou acheté. Seules les femmes de la haute bourgeoisie conservent le privilège de pouvoir, si elles le souhaitent, choisir un travail qui ne soit pas d'abord un revenu additionnel : leur liberté professionnelle reste en cela, comme par le passé, conditionnée au revenu de leur conjoint.

La dépendance économique des couples à un double revenu va participer à la réduction rapide de la fécondité. Si les progrès de la contraception ont permis aux femmes de maîtriser leurs maternités, le temps dédié à la vie privée entre désormais en concurrence avec le temps professionnel. À côté d'autres facteurs, nécessité économique et libre choix vont se conjuguer pour aboutir à une baisse quasi ininterrompue du nombre d'enfants par couple à partir de la fin des années 1960. En France, le taux de fécondité passe de 2,85 en 1965 à 1,95 en 1980, puis à 1,80 en 2022. Il est aujourd'hui inférieur à 1,3 en Italie, en Espagne et au Japon, il est de 1,5 en Allemagne et de… 0,8 en Corée du Sud.

Alors même que la société dans son ensemble valorise l'accès des femmes au travail rémunéré hors du cadre familial, et célèbre chaque jour celles qui parviennent à des positions professionnelles et sociales éminentes, le travail familial continue à perdre la valeur qu'il conservait encore : quand un couple peut se le permettre, ce travail est souvent confié à des salariés, aides familiales, femmes de ménage ou nounous, souvent d'origine extra-européenne. La dévalorisation de ces métiers est spécialement forte en France, où l'aspiration à l'égalité est un fondement culturel, qui passe aujourd'hui par un égal travail des hommes et des femmes. Elle est associée à une rare (à l'échelle occidentale) absence de stigmatisation des mères qui travaillent : c'est une exception française aujourd'hui encore souvent enviée à l'étranger, comme la liberté des femmes françaises l'avait été dans les siècles précédents. Presque partout ailleurs, être mère reste un statut en soi qui confère des responsabilités et impose des sacrifices professionnels : c'est notamment le sens du mot *Rabenmutter* – littéralement *mère corbeau*, traduisible en *mère indigne* – qui, en Allemagne, disqualifie socialement les mères jugées insuffisamment présentes auprès de leurs enfants.

Le poids des tâches familiales devient pierre d'achoppement

Que le contexte soit français ou européen, partout la nécessité du double revenu impose la question d'une nouvelle répartition des responsabilités familiales entre les conjoints. Les deux membres du couple étant engagés dans leur vie professionnelle, l'inégale répartition pèse excessivement sur la carrière des mères de famille. Elle est au cœur des inégalités professionnelles entre hommes et femmes.

La perception d'une injustice émerge au fur et à mesure que les mères sont confrontées à un écart croissant entre leurs engagements professionnels et familiaux. La complexité du sujet, entre culpabilités, désirs refoulés, égoïsmes, usages familiaux, non-dits, stéréotypes, tradition, idéologie ou pression sociale n'en facilite pas la résolution : les couples tentent chacun à leur manière d'intégrer cette nouvelle réalité, dans la discussion ou le conflit, la sérénité ou la frustration, le choix ou la résignation…

Le temps investi dans la sphère familiale par les mères diminue néanmoins régulièrement à partir des années 1970, mais sa réduction reste concentrée sur les tâches domestiques, non sur le temps consacré aux enfants qui lui, au contraire, augmente. Les progrès de l'industrie et des techniques ont en effet permis, notamment à partir des années 1950, de développer un ensemble de services domestiques qui sont venus, petit à petit, donner une réalité à la vieille publicité « Moulinex libère la femme ». Les hommes, eux, prennent faiblement part à cette libération en n'augmentant que marginalement leur investissement dans les responsabilités domestiques. Ils assurent néanmoins un investissement nettement plus important qu'auparavant dans le soin des enfants, encouragé par les médias et les pouvoirs publics. La création du congé paternité en 2002, resté longtemps optionnel mais allongé à un mois dont une semaine obligatoire en 2022, a progressivement fait évoluer les esprits : elle a doucement imposé aux hommes, et surtout peut-être à leurs employeurs ou responsables hiérarchiques, l'idée d'une paternité plus impliquée dans la sphère familiale.

L'évolution de la différence d'âge et du niveau d'étude au sein des couples a aussi joué un rôle important dans la recomposition des rôles sexués. En 1980, dans les couples, les hommes étaient en moyenne âgés de quatre à cinq ans de plus que leurs conjointes, et celles-ci avaient en moyenne leur première maternité à 26 ans. La carrière du père de famille était alors, à l'arrivée du premier enfant, beaucoup plus avancée que celle de la mère. En toute rationalité, face aux nécessités, le couple arbitrait habituellement en faveur de la carrière la plus rémunératrice, ce qui créait rapidement un net différentiel professionnel entre pères et mères, amplifié à l'arrivée d'un second enfant. En 2022, l'âge des conjoints est devenu beaucoup plus proche – moins de deux ans d'écart – et presque identique dans les catégories les plus éduquées. Le niveau d'étude est le plus souvent similaire ou à l'avantage des femmes, et la première maternité arrive à 31 ans.

Cette quasi-égalité en âges et diplômes rebat les cartes entre des conjoints engagés au même titre dans leurs responsabilités professionnelles. La simple logique économique, qui décidait auparavant de la répartition des responsabilités entre pères et mères, ne fonctionne plus : pour les couples d'aujourd'hui, il n'y a plus d'évidence à privilégier les ambitions du père à celles de la mère. En France, dans un couple sur quatre, c'est l'homme qui assure la majeure partie des tâches domestiques ; dans un couple sur quatre aussi – c'était un sur dix il y a vingt ans –, c'est la femme qui bénéficie aujourd'hui du principal revenu dans le couple[1]. La tendance semble devoir rapidement mener à 40 % de couples dans ce cas, comme aux États-Unis aujourd'hui.

Sur quelles bases est-il désormais légitime de privilégier la carrière de l'un des conjoints sur l'autre ? Faut-il même privilégier une des deux carrières ? Comment donner les mêmes chances aux deux carrières ? Deux carrières engagées peuvent-elles être menées en parallèle sans fragiliser les couples ? Comment éviter que des conflits s'installent entre des conjoints qui ont chacun besoin d'un maximum de temps professionnel disponible ? Une complémentarité peut-elle être conçue qui ne soit pas au détriment d'un des conjoints ? Comment faire en couple des choix qui soient des libertés et non d'abord des renoncements ? Est-ce légitime de devoir sa disponibilité professionnelle au renoncement de son conjoint à la sienne ? Comment savoir si un renoncement est librement consenti, et non, en réalité, subi parce qu'inscrit dans une norme culturellement dominante ? Des positions de principe, telles que oui ou non, juste ou injuste, égal ou inégal, peuvent fournir un cadre de réponse à ces questions. Toutefois chaque couple est unique, comme chaque conjoint, et la vie réelle percute les convictions et

1. Enquête INSEE, *Emploi du temps*, 2022.

les résolutions les mieux ancrées. Les couples des générations précédentes ne sont plus ceux d'aujourd'hui : tout a changé. Dans ce monde radicalement nouveau, chacun doit aujourd'hui trouver son chemin, à deux.

« La révolution du partage des tâches ménagères n'a pas eu lieu »

À rebours des discours autoprédictifs sur l'implication des pères d'aujourd'hui dans les responsabilités familiales, la répartition de celles-ci entre mères et pères demeure dans un rapport de 70/30. L'idée, pourtant très largement partagée, selon laquelle les jeunes couples seraient aujourd'hui acteurs d'une répartition égalitaire des responsabilités, n'est pas encore vérifiée statistiquement. Ce qui est vrai en revanche, c'est que les parents passent aujourd'hui plus de temps avec leurs enfants qu'à la génération précédente, ce qui induit un biais d'observation du temps familial des pères : celui-ci est plus important qu'auparavant, c'est un fait, mais reste nettement moins important – quasiment deux fois – que celui des mères. Une étude américaine réalisée sur 11 pays et publiée dans le *Journal of Marriage and Family* montre que, en 1965, les mères passaient en moyenne 54 minutes par jour à s'occuper de leurs enfants. Ce temps a presque doublé depuis, atteignant 104 minutes par jour en 2012, alors même que, en moyenne, les familles comptent un enfant de moins ! Du côté des pères, le temps passé avec les enfants a lui presque quadruplé, pour passer de 16 minutes par jour en 1965 à 59 minutes en 2012... soit quasiment le temps que les mères accordaient à leurs enfants en 1965. On comprend mieux d'où vient la fausse perception selon laquelle, désormais, les nouveaux pères seraient aussi impliqués que les mères dans le soin des enfants. Ils sont certes beaucoup plus impliqués que ceux de la génération précédente, mais le sont encore moitié moins que les mères.

Entre normes sociales d'égalité devenues dominantes et réalité des comportements, il y a un biais de perception qui explique l'impression de rapprochement continu entre les temps familiaux des pères et des mères. Dans les faits, celui-ci est encore lointain : en France, 32 % des hommes déclarent faire les courses plus souvent qu'auparavant (14 % seulement, rectifient les mères) et 13 % s'occuper davantage des enfants (4 % seulement, rectifient les mères)[2]. Le sociologue Jean-Claude Kauffman, spécialiste des couples et de leur vie quotidienne, indique que « la révolution du partage des tâches ménagères n'a pas eu lieu » et que hommes et femmes semblent aujourd'hui plutôt s'accommoder d'une *inégalité raisonnable*. L'analyse du pourquoi de cette stabilité inégalitaire est assez malaisée, et les débats sont parfois tendus entre partisans d'une égalité encore à conquérir, qui verrait les rôles familiaux des hommes et des femmes devenir identiques, et ceux qui considèrent qu'il n'est pas anormal que des différences subsistent, celles-ci n'étant pas en soi injustes si elles demeurent *raisonnables*, selon le mot de Jean-Claude Kauffmann.

---

2. IPSOS, *Les Français et le partage des tâches : à quand la révolution ménagère ?*, 2018.

Il est vrai qu'il y a aujourd'hui suffisamment d'hommes déçus par le sens de leur travail, et de femmes enthousiastes du leur, pour permettre que chaque couple puisse définir de manière originale son propre équilibre, fût-il inégal.

L'arrivée des enfants cristallise les difficultés

Avant l'arrivée d'un premier enfant, les hommes en couple, notamment dans la classe moyenne et la bourgeoisie – c'est beaucoup moins vrai dans les classes populaires plus conservatrices en matière de rôles sexués –, affirment souvent aujourd'hui leur volonté d'un partage égalitaire des responsabilités familiales. Ce désir se réalise à peu près, dans les faits, tant que le couple n'a pas d'enfant et se poursuit grosso modo après la première naissance. Le soin du premier enfant pèse plus sur les mères, mais les pères y sont clairement et visiblement impliqués : il n'est d'ailleurs pas de jour où cette nouveauté ne soit médiatiquement valorisée.

Mais cette relative équivalence se situe encore dans une vie de couple qui, souvent, n'a pas fondamentalement changé avec l'arrivée du premier enfant. Elle devient beaucoup plus rare à partir du second, moment où une organisation familiale se met véritablement en place. Fatigue importante, responsabilités multiples, urgences, maladies infantiles, gardes d'enfant erratiques, grèves d'enseignants… les charges mentales privées et professionnelles entrent rapidement en conflit. Ces dernières deviennent en parallèle, entre 30 et 40 ans, plus lourdes, exigeantes et exclusives. Après une période marquée par le stress et les tensions, les conjoints retrouvent alors statistiquement, *nolens volens*, une répartition plus traditionnelle des rôles sexués. Les mères sont souvent conduites, pour diminuer la pression qui pèse majoritairement sur leurs épaules, à alléger d'une manière ou d'une autre, pendant au minimum quelques années, leur charge de travail. Ainsi, 15 % des pères, mais près de 60 % des mères déclarent que la naissance de leur deuxième enfant a occasionné un changement professionnel[3].

Malgré la célébration régulière – depuis les années 1980 ! – des « nouveaux pères » censés être devenus « des mères comme les autres », la division des rôles sexués n'évolue que marginalement dans les couples depuis vingt ans : de nombreuses études convergent pour établir que, en moyenne, les mères continuent à assurer environ 70 % des responsabilités domestiques et familiales. Cette répartition inégale pèse sur le développement de leur carrière, quand, au contraire, elle favorise celle des pères en libérant leur disponibilité.

Ce retour sur terre inégalitaire, par rapport aux souhaits initiaux de nombreux jeunes couples, peut entrer dans un schéma de vie finalement accepté avec philosophie, à défaut d'avoir été initialement désiré. La première expérience d'un travail dont le sens n'apparaît pas d'une extrême évidence peut contribuer, le jeu étant estimé ne pas en valoir la chandelle, à une redéfinition des objectifs professionnels des mères. Celles-ci tenteront alors de reconstruire un nouveau projet professionnel, plus

3. Thomas Couppié et Dominique Epiphane, « Emploi, enfant et aspirateur : quelles évolutions chez les jeunes couples depuis 2005 ? », in *Céreq Bref*, n° 403, mars 2021.

adapté tant à leurs désirs profonds qu'au mode de vie qui s'impose à elles.

À l'inverse, elles peuvent aussi éprouver une violente, profonde et légitime frustration face à une inégale répartition des responsabilités familiales qui limite l'expression de leurs talents dans le monde professionnel. Leur colère peut s'exprimer vis-à-vis d'un conjoint au bénéfice de qui, dans les faits, elles sacrifient leurs ambitions professionnelles. Elles peuvent aussi diriger leur ressentiment vers un système social qui, contrairement aux promesses de leurs études égalitaires, ne leur donne pas, dans les faits, les mêmes chances de succès qu'aux hommes. Les pères, eux, face à la pression professionnelle et au nom d'un principe de réalité – « c'est comme ça » –, seront le plus souvent conduits à accepter les entorses à leurs désirs égalitaires, même les plus authentiques.

La primauté de l'individu s'impose dans les couples

Aujourd'hui, après cinquante ans d'émancipation des femmes, les couples se retrouvent devant une situation qui n'avait pas vraiment été imaginée. Alors que les mères, notamment dans les milieux les plus favorisés, ont massivement quitté l'économie domestique pour rejoindre le salariat, les conjoints cheminent désormais sur des chemins professionnels parallèles. Le succès professionnel de l'un peut entrer en conflit avec celui de l'autre, la répartition des responsabilités familiales devenant alors un sujet de tensions. Parvenir ensemble à un degré voisin d'épanouissement professionnel et familial n'est pas aujourd'hui une évidence, tant s'en faut: cet objectif peut même devenir une gageure tant, dans un couple, les rôles de chacun, que certains voudraient interchangeables, restent encore marqués sexuellement.

Ce sont désormais non seulement deux individus, mais surtout deux individualités qui semblent réunies au sein du couple : chacun y négocie un projet qui peut entrer en concurrence avec celui de l'autre. Le couple est moins qu'avant un principe de mesure et de complémentarité, ce havre de paix, *refuge dans un monde impitoyable*[4], que regrettait déjà Christopher Lasch dans les années 1970. Il est aujourd'hui un cadre plus égalitaire dans lequel chaque conjoint désire légitimement voir s'épanouir son propre projet. La nouveauté de cette double exigence est surtout qu'elle soit *aussi* exprimée par les mères de famille. La notion de sacrifice est aujourd'hui plus difficilement audible, moins culturelle, moins partagée dans un monde occidental désormais largement déchristianisé. Pour les pères comme pour les mères, elle ne répond plus à la vision commune d'une vie de couple. La primauté de l'individu s'affirme au sein même de la première cellule de solidarité humaine, comme elle s'impose dans l'ensemble de la société. Entre-t-elle dans les 260 000 séparations, tous types d'unions confondus, et les 45 % de couples divorcés enregistrés en France en 2020 ? C'est probablement, au minimum, un contexte qui amplifie tous les autres.

Le couple d'aujourd'hui est toujours l'union de deux personnes, mais il est de fait aussi devenu la juxtaposition

4. Christopher Lasch, *Haven in a Heartless World: the Family Besieged*, W. W. Norton & Company Éditions, 1977 ; *Un refuge dans ce monde impitoyable : la famille assiégée*, Bourin Éditeur, 2012.

de deux projets personnels et professionnels qui peuvent entrer en concurrence. Il est plus aérien, plus libre, plus respectueux des talents de chacun, mais aussi plus fragile et moins solidaire que l'épaisse pièce de bois, le joug, qui unissait les animaux de trait au sein d'un attelage, réalité imagée et concrète de l'égalité conjugale. La désuétude du mot dit la déshérence de l'idée.

3

Dans le monde du travail, le nouveau défi de l'égalité

Le dépassement éducatif des hommes par les femmes

L'Europe, nous l'avons vu, a connu une prodigieuse croissance économique depuis les années 1950. Les progrès technologiques, agricoles ou médicaux ont bouleversé, en la facilitant, la vie de tous les Occidentaux. Grâce à une énergie abondante et bon marché, le bien-être matériel des familles a considérablement augmenté. Les phases du droit de vote, de l'égalité juridique, des droits économiques et du contrôle des naissances passées, s'est ouvert, nous l'avons vu aussi, l'ère d'un vaste accès des femmes à la vie professionnelle salariée : entre 1960 et 2020, leur taux d'activité passe de moins de 50 % à plus de 80 %, et elles représentent aujourd'hui 49 % de la population active.

Au début des années 1980 va s'ouvrir le chantier de l'égalité professionnelle entre hommes et femmes : alors que l'économie réclame de plus en plus d'emplois féminins, il est alors manifeste que certaines différences professionnelles, admises jusque-là, constituaient en réalité des injustices. Pour que cette question nouvelle apparaisse, il fallait d'abord que, auparavant, le niveau éducatif des femmes ait rejoint celui des hommes. C'est fait dès avant les années 1970 et l'écart s'est creusé depuis en faveur des femmes : elles sont aujourd'hui 57 % des diplômées de l'enseignement supérieur – 60 % aux États-Unis –, même si cette supériorité numérique se concentre dans les formations littéraires. Les écoles de management françaises comptent 50 % de filles depuis les années 1980 ; seules les formations scientifiques traditionnelles restent majoritairement masculines, avec en moyenne 75 % de garçons dans les grandes écoles d'ingénieur. Cette situation n'est pas une spécificité française : elle est à peu près la même dans tous les pays développés, jusqu'en Suède ou en Norvège, nations pourtant tenues pour être des championnes en matière d'égalité entre les sexes. Les filles dominent en revanche dans les mêmes proportions au sein des sciences de la vie, avec des scores proches de ceux des garçons dans les sciences traditionnelles : elles sont par exemple 65 % des diplômés de l'AgroParisTech, 70 % des admises aux concours vétérinaires et 70 % des inscrites en première année de médecine.

Des différences qui deviennent des injustices

Jusqu'aux années 1970, le salaire des femmes, notamment dans les entreprises, n'avait pas le même statut que celui des hommes : il était alors couramment considéré comme un salaire d'appoint, celui des hommes devant en principe couvrir l'essentiel des besoins familiaux. Puis, alors que celui-ci devient insuffisant face à l'immense marché de la consommation, commence un long processus de rattrapage, qu'une série de combats sociaux et de lois vont progressivement imposer dans toute l'Europe. Le film *We want sex equality*, réalisé en 2010 par Nigel Cole, raconte par exemple, au printemps 1968 à Londres, la lutte emblématique des ouvrières de Ford pour obtenir le même salaire horaire que leurs collègues masculins.

À partir des années 1980, 1983 en France avec la loi Roudy, des lois d'égalité salariale entre hommes et femmes sont un peu partout votées : elles vont progressivement sanctionner les écarts salariaux à responsabilités équivalentes. Quarante ans après, des différences demeurent, principalement liées aux secteurs d'activité, plutôt masculins ou plutôt féminins, aux temps partiels et aux niveaux de pouvoir. Ainsi la fonction publique, notamment dans les domaines de la santé, de l'éducation ou de l'action sociale, rémunère-t-elle toujours plutôt mal ses agents, qui sont à 2/3 des femmes. Le monde de la finance et des hautes technologies rémunère quant à lui plutôt bien ses collaborateurs, qui sont majoritairement des hommes. Les temps partiels, dont beaucoup sont liés aux charges de famille, sont pris à 80 % par les mères, comme 97 % des congés parentaux. Les femmes sont aussi beaucoup plus présentes dans les fonctions dites de *back-office*, c'est-à-dire dans les fonctions support, quand les hommes le sont davantage dans celles dites de *front office*, c'est-à-dire dans les fonctions opérationnelles. Les premières sont souvent moins soumises aux urgences ou aux horaires extensibles : elles sont aussi habituellement moins rémunérées et ouvrent moins aux hautes fonctions dirigeantes, contrairement aux secondes. Elles permettent en revanche de mieux articuler vie professionnelle et vie privée.

Accéder aux mêmes niveaux de responsabilité que les hommes

Les progrès de la mixité dans les métiers traditionnellement masculins ou féminins sont assez faibles malgré le fort engagement de différentes associations sur le sujet. Par ailleurs, le congé paternité est entré dans les mœurs sans produire de changement majeur dans la répartition sexuée des responsabilités familiales : le congé parental pris par les pères reste par exemple une exception – 3 % des congés parentaux –, ce malgré la réduction de leur durée, votée en 2012, censée les favoriser.

Face à des évolutions somme toute limitées, le combat se concentre depuis les années 2000 sur l'accès des femmes aux mêmes niveaux de responsabilités que les hommes. Les stéréotypes supputant une moindre appétence, ou un moindre talent naturel des femmes, pour l'exercice du pouvoir, ont aujourd'hui largement disparu. L'idée selon laquelle il y aurait des risques particuliers à confier de hautes responsabilités à des femmes, au prétexte que des maternités pourraient les amener à faire passer au second plan leurs engagements professionnels, ou que des absences pour raison familiale pénaliseraient trop souvent leur travail, est désormais très majoritairement perçue comme anachronique. La visibilité des femmes de pouvoir s'affirme chaque jour davantage dans l'ensemble de la société et des médias, et les esprits ont beaucoup évolué. En revanche, l'accès des femmes aux mêmes niveaux de responsabilités que les hommes fait face à un blocage spécifique, qui a plus à voir avec le monde du travail tel qu'il s'est historiquement construit, qu'avec une quelconque forme de misogynie.

Au XIXe siècle, l'organisation du travail dans les usines a d'abord été pensée pour maximiser le temps professionnel des hommes, qui constituaient alors la majorité des travailleurs. En langage marxiste, on dirait « pour les exploiter au maximum ». Partout et toujours, pour maximiser la productivité des salariés, le système productif a cherché à contourner les lois qui encadrent le temps de travail. Sous l'Ancien Régime, des limitations au temps de travail avaient été petit à petit imposées par les puissantes corporations de métiers. Elles ont volé en éclat avec la révolution de 1789, dont la direction politique était assurée par des membres de la bourgeoisie : en 1791, la loi Le Chapelier a interdit corporations et syndicats ouvriers. En 1840, la durée du travail est de douze heures par jour, six jours sur sept. En 1919, elle passe à 48 heures par semaine, puis à 40 heures en 1936. Aux États-Unis, en 1938, l'adoption par le Congrès du *Fair Labor Standards Act*[1], qui fixe la durée du travail hebdomadaire à 40 heures maximum, a donné lieu en parallèle à une disposition qui en exempte les managers et les experts. Le statut des « cadres » que nous connaissons aujourd'hui en France, est proche de celui

1. Réglementation des standards du travail juste.

de ces managers et experts américains : il prévoit notamment un « forfait jours », qui ne donne pas droit à rémunération des heures supplémentaires.

À partir des années 1980, la financiarisation de l'économie a extrémisé la recherche de productivité par salarié. Celle-ci a entraîné l'augmentation et la densification des charges de travail, notamment de tous les acteurs de la chaîne managériale. Plus les responsabilités sont hautes et plus, en général, les charges de travail sont lourdes, le temps de travail important et les niveaux de rémunération élevés. Le statut de cadre dirigeant, dérogatoire au droit du travail, supprime toute obligation de repos hebdomadaire, toute limite à la durée quotidienne de travail et ne prévoit aucun congé légal : une disponibilité maximale, achetée par un haut ou très haut salaire. Cette organisation de l'accès au pouvoir fonctionne globalement assez bien pour ceux qui n'ont pas de charge de famille, et plutôt bien aussi pour ceux qui disposent d'un conjoint qui assume principalement l'intendance familiale, libérant ainsi un maximum de temps disponible pour l'activité professionnelle. Elle fonctionne mal, ou très mal, pour ceux qui prennent eux-mêmes en charge cette intendance, ce qui est majoritairement le cas des mères de famille, nous l'avons vu. Délibérément construit pour capter à son profit une part maximum du temps des hommes, ce système prédateur du temps privé laisse les mères face à une équation souvent insoluble. Les conditions d'accès aux responsabilités et fonctions dirigeantes ne permettent que trop rarement à chacun, homme ou femme, d'être à la fois engagé dans son travail et dans sa vie privée.

Réaliser l'égalité par la loi

Après différentes tentatives infructueuses, les pouvoirs publics, prenant conscience des frustrations et injustices liées aux inégalités professionnelles entre hommes et femmes, ont souhaité passer par la loi pour amener un changement effectif. Paradoxalement, ils ont légiféré contre une discrimination systémique par une autre discrimination, à base de quotas en faveur des femmes – et donc en défaveur des hommes – et ce, bien que le Conseil constitutionnel s'y soit opposé en 1982. Sous Nicolas Sarkozy, des quotas de 40 % de femmes dans les conseils d'administration ont été imposés dès 2010 par la loi Copé-Zimmermann : ils ont été ensuite renforcés par d'autres, en 2022, essentiellement imposés aux cadres dirigeants et membres des comités de direction et comités exécutifs – nous y reviendrons.

Cette approche, qui fixe arbitrairement un taux de femmes à certains niveaux hiérarchiques, fait toutefois l'impasse sur les raisons systémiques ayant concrètement conduit à l'inégal accès aux responsabilités des hommes et des femmes. Comme s'il ne s'agissait que de mettre un terme à une mauvaise volonté sexiste. Le niveau habituel de disponibilité, de mobilité et de charge de travail exigé des cadres supérieurs et dirigeants constitue pourtant, concrètement, le principal facteur de discrimination vis-à-vis de collaboratrices qui assument la part la plus importante des responsabilités familiales au sein de leur couple. L'égalité factuelle des exigences professionnelles imposées aux hommes et aux femmes crée de fait une inégalité, dès lors que la capacité à répondre à ces exigences a été calée à l'origine, et qu'elle le reste encore aujourd'hui, sur le temps professionnel dont disposent habituellement les hommes.

La répartition des responsabilités familiales étant ce qu'elle est aujourd'hui, l'accès aux hautes responsabilités est beaucoup plus difficile pour les mères que pour les pères. Alors que cette répartition évolue peu, et qu'il n'est même pas évident qu'une véritable égalité des temps passés par chaque conjoint dans la sphère familiale advienne un jour, la seule vraie solution serait de modifier l'organisation du travail, de manière à ce que pères et mères puissent assumer leurs responsabilités professionnelles sans négliger, ou reporter sur un conjoint, leurs responsabilités familiales. De nouvelles méthodes de travail sont certes possibles, nous y reviendrons, mais elles trouvent vite des limites concrètes.

L'égalité ne peut pas être atteinte, et ne le sera jamais, sans baisser les exigences de disponibilité et de charge de travail imposées aux managers, cadres supérieurs ou dirigeants, de sorte que même les collaborateurs qui assument des responsabilités familiales classiques puissent les supporter. La question : « Voulons-nous vraiment l'égalité ? » est alors plus clairement posée. Tant qu'elle signifie « aider les femmes à prendre davantage confiance en elles », « aider les femmes à mieux s'organiser » ou encore « lutter contre les stéréotypes et le sexisme », toutes démarches qui ne changent pas la réalité et la rentabilité du travail, tout le monde est d'accord. Si, en revanche, elle signifie baisser la disponibilité et la charge de travail demandées aux cadres, managers, cadres supérieurs et dirigeants – et donc diminuer leur temps de travail et leur rémunération – de manière à ce que pères et mères (qui représentent respectivement 70 % des hommes et 75 % des femmes) puissent également y répondre, sera-t-elle toujours autant désirée par les actionnaires et les dirigeants ?

4

Le travail contre le couple

Des couples qui courent inlassablement contre le temps

La société moderne a promu l'individu autonome comme axe central de son développement, au détriment des solidarités traditionnelles. Cette nouveauté historique a une face économique lumineuse, mais aussi une face sombre : sauf si un niveau suffisant de revenus permet de financer une aide à domicile conséquente, la vie des couples d'aujourd'hui, quand ils sont parents, est devenue éreintante : elle repose sur un équilibre ultra-précaire, où le moindre grain de sable menace un château de cartes patiemment assemblé. Culpabilités, stress, fatigues extrêmes, crédits asphyxiants et reproches réciproques pèsent sur l'entente des couples. Nous l'avons vu, entre temps de travail et temps consacré aux enfants, les rythmes professionnels modernes ont fait du temps des couples une dangereuse variable d'ajustement. Pour leur donner le sentiment de pouvoir continuer à tout assumer, les évolutions technologiques concourent à accélérer sans cesse le temps, générant un effet tunnel pour chaque conjoint engagé dans ce qui est devenu une *course contre le temps*: courir, courir, encore courir, toujours plus vite. Le philosophe allemand Hartmut Rosa a formulé le concept d'*accélération sociale*[1], montrant que l'accélération du temps est une caractéristique aussi centrale qu'insuffisamment remarquée de la vie moderne.

Depuis les années 2000, avec notamment la généralisation d'Internet et de l'économie numérique, cette accélération a été spectaculaire. Accélération des télécommunications et du transport, dont les téléphones portables, le TGV, les compagnies aériennes à bas coûts ou les réseaux sociaux sont les emblèmes; accélération du changement social, avec l'effacement de nombreux corps intermédiaires politiques et sociaux et la transformation rapide des modes de vie et des familles; accélération de la productivité, avec le tout digital, l'intelligence artificielle et le travail à distance. Pour les couples parents, notamment de jeunes enfants, ou ceux qui sont *aidants familiaux*, la fatigue et le sentiment de manquer de temps atteignent un paroxysme. L'impression de ne répondre qu'à une suite ininterrompue d'urgences engendre l'angoisse de perdre pied.

Paradoxalement, dans un monde où l'individu est devenu roi, chacun devient excessivement tributaire de son conjoint, dans une situation où le moindre manquement ou retard, la moindre paresse ou négligence, le moindre oubli, forcément coupables, peuvent générer

1. Hartmut Rosa, *Accélération. Une critique sociale du temps*, La Découverte, 2013.

l'affrontement dans le couple. Paradoxe aussi que celui de ces couples modernes, où l'autre conjoint n'est plus aide ou secours, mais au contraire facteur de risque ou d'incertitude. Paradoxe enfin d'une modernité qui fait toujours davantage courir après le temps, alors que sa justification est précisément de permettre un gain de temps substantiel offrant davantage de liberté !

Le temps du couple, portion congrue de la vie des couples

Nous l'avons vu, le travail est désormais majoritairement assumé hors cadre familial et indépendamment du conjoint, toutes classes sociales confondues. Dans les couples d'aujourd'hui, les échanges entre conjoints sont donc rarement ancrés dans le quotidien de vies professionnelles partagées : chacun assume ses propres enjeux de travail au sein de métiers dont les réalités sont par ailleurs souvent complexes à partager, car plus spécialisées qu'elles ne l'étaient par le passé. La vie professionnelle de chaque conjoint peut donc se construire dans l'ignorance globale de celle de l'autre, ce qui crée dans les couples de vastes et inédits espaces de liberté individuelle, mais aussi d'incompréhension, de silence ou d'ignorance. Sauf en région, où il arrive encore parfois que certains couples se retrouvent pour déjeuner au domicile conjugal, travailler sans contact avec son conjoint pendant l'essentiel de la journée, sinon par de brefs messages WhatsApp, est devenu une normalité commune et acceptée comme telle de la vie contemporaine.

De serviteur, le travail domine désormais la vie des couples

L'intensification du travail, l'utilisation non-stop des moyens numériques modernes, la croissance de la productivité – qui progresse encore de près de 1 % par an depuis 2010 – placent les conjoints sous tension. Individuellement, la frontière entre vie professionnelle et vie privée existe moins, concentrant la socialisation au sein du monde professionnel. C'est d'ailleurs là que plus d'un tiers des couples se forme aujourd'hui, plus que partout ailleurs, nous le reverrons par la suite. Alors que la plupart des couples souhaitent en France avoir deux ou trois enfants – l'UNAF (Union nationale des associations familiales) mesure ce souhait à 2,3 enfants par couple –, la natalité française moyenne se situe désormais depuis une dizaine d'années entre un et deux enfants par femme (1,8 en 2022). Le monde du travail lui-même, sans toujours bien s'en rendre compte, suggère souvent aux femmes, comme une responsabilité à tenir vis-à-vis de leurs collègues, de leur hiérarchie ou de leurs clients, de gérer leurs maternités en fonction des missions confiées et des disponibilités exigées. Comme si la contraception, de liberté individuelle, était devenue pour les femmes une nouvelle responsabilité professionnelle à assumer. Le plus étonnant est de constater que ces suggestions pas toujours implicites sont souvent assez naturellement acceptées, tant le travail conditionne aujourd'hui les aspects les plus essentiels de la vie des hommes et des femmes.

Dans sa forme moderne, il a aussi rendu les solidarités intergénérationnelles moins présentes, car il dicte souvent le lieu d'habitation des couples : l'éloignement géographique des grands-parents donne de plus en plus rarement à ceux-ci, au cas où ils en auraient envie, la possibilité d'alléger la lourde charge familiale assumée par les parents. Réciproquement, les couples sont moins disponibles pour accompagner la vieillesse de grands-parents dépendants : Ehpads publics et privés viennent toujours plus, en lieu et place des familles, accompagner la solitude des fins de vie. Les responsabilités sont ainsi socialement transférées, permettant à chacun de poursuivre sans culpabilité son travail et sa consommation de loisirs.

La marchandisation de la vie

La réalisation de soi, à la fois souhaitée, nécessaire et assignée, se heurte de front, dans ses dimensions familiales et sociales, avec un monde du travail conçu pour aspirer à son profit le maximum de temps disponible. Parallèlement le travail, notamment au sein de grands groupes internationaux, devient chaque jour alourdi par les procédures, normes, contrôles et *reporting* en tous genres, minant l'autonomie de chacun et asséchant les relations professionnelles.

Pour la première fois dans l'histoire, la question du sens du travail non seulement se pose, mais est devenue omniprésente dans la classe moyenne et la bourgeoisie. Travailler plus pour produire un monde de plus en plus invivable, où l'on vit de plus en plus seul, devient une réalité palpable. La consommation et les réseaux sociaux viennent s'offrir en remplacement des liens traditionnels, comme de séduisantes alternatives pour assurer un accomplissement personnel et relationnel. L'Oréal, avec son slogan « Parce que je le vaux bien », utilisé en France au début des années 2000, ou Facebook, créé en 2004, incarnent cet individualisme narcissique, cœur battant de la société moderne.

L'injonction consommatrice est médiatiquement omniprésente, comme si elle constituait un prérequis à la dignité de toute personne. Chacun est complice, notamment via les réseaux sociaux, de la marchandisation de sa vie. La philosophe Claude Habib indique que « le bonheur est attiré par l'orbite libérale, où il fait l'objet d'un recyclage permanent. Toutes les expériences plaisantes semblent vouées à finir en spots publicitaires : l'élan du corps sportif sert à vendre des ballons, la volupté sexuelle des matelas, les affections familiales des contrats d'assurance ou des confitures. Le commerce, comme un ogre, dévore nos joies [...]. Plus nombreux sont les biens qui nous sont proposés, plus nous perdons accès au monde comme donné. C'est ainsi que la gratuité régresse à mesure que la richesse augmente[2] ».

L'autosuffisance du couple dans le viseur du marché

La société moderne se présente toujours sous les atours du progrès, de l'émancipation ou de la liberté, concepts par nature ambivalents et qui se prêtent bien au

2. Claude Habib, *La Galanterie française*, Gallimard, 2006.

détournement. Il n'y a certes pas de complot ourdi par la modernité contre le couple, mais utilisation habile de non-dits par un système dont la logique collective est celle de la croissance et de la consommation.

En vérité, il y a une opposition frontale entre l'intérêt des couples et celui de la modernité. Celui du couple est l'autosuffisance, même si dans les faits celle-ci n'est que relative : nul ne vit que d'amour et d'eau fraîche. À l'inverse, celui de la modernité est la dépendance qui, elle, vise l'absolu. Plus nous dépendons, plus l'économie croît. Pour générer de la croissance, la modernité a besoin d'individus qui trouvent dans le marché la réponse à des besoins précédemment inexistants ou assurés hors marché. Elle s'attaque donc à toute collectivité, et le couple est la plus petite et la plus essentielle d'entre elles, qui par son autonomie solidaire peut permettre d'échapper à la dépendance du marché.

À son stade ultime, la modernité vise à ce que tous les besoins des individus soient couverts par le marché : régnera alors la dépendance absolue.

Le piège consumériste

Le travail moderne est en la matière un piège redoutable. Une promotion qui éloigne l'un des conjoints sous le terme anodin de *célibat géographique*, mais qui risque de finir en célibat pur et simple ; un travail à distance d'abord vu comme libérateur, mais qui peut devenir asservissant en colonisant le temps privé ; un projet passionnant qui justifie un lourd travail pendant quelques mois... mais qui sera suivi par un autre, puis un autre encore ; un service de soutien scolaire qui allège la charge mentale des parents, mais autorise à terminer plus tard son travail ; un équipement numérique performant qui permet de travailler le week-end ou depuis son lieu de vacances ; un généreux budget de frais qui offre dîner au bureau et taxi gratuits pour ceux qui travaillent tard ; une efficace conciergerie d'entreprise qui envoie un bouquet de fleurs pour excuser un retard à dîner ; des réseaux sociaux qui développent les contacts professionnels durant les heures familiales ; des associations qui, en partenariat avec des entreprises, sont prêtes à prendre en charge les enfants des collaborateurs en cas de réunion urgente ou tardive...

La société moderne invente et propose comme progrès tout ce qui peut rendre le travail plus intense, efficace, performant, productif et rémunérateur ; et les collaborateurs plus disponibles à leur travail ; et la vie privée plus légère à gérer ; et la consommation plus forte ; et la vie de chaque conjoint plus individuelle. Les pièges sont gros, mais souvent, selon l'adage jadis cher à Jacques Chirac : « Plus c'est gros et plus ça passe. »

5

La fragilisation des couples, angle mort de l'époque moderne

Des séparations devenues phénomène de société

La durabilité d'un couple n'est un enjeu en soi que dans la mesure où il constitue un principe de solidarité entre deux personnes, qui portent « ensemble le poids de la vie », comme l'avait formulé Portalis, rédacteur du Code civil. C'est aussi le cadre le plus habituel dans lequel des enfants sont élevés et protégés jusqu'à leur âge adulte. Nul couple ne souhaite *a priori* se séparer et personne ne rompt par plaisir une relation établie ; mille raisons peuvent y conduire où la vie moderne n'entre en rien. Par ailleurs, nul n'est obligé de vivre en couple : d'autres modèles relationnels peuvent offrir de riches fécondités et la solitude n'a rien à voir avec l'isolement. Mais la fragilisation du couple est celle du premier maillon à partir duquel se pense et se construit tout l'édifice des solidarités sociales : il importe donc de veiller à minimiser les facteurs sociaux qui peuvent contribuer à sa rupture, celle-ci étant *a contrario* facilitée par les législations qui ont assuré la liberté moderne de la décider.

Aujourd'hui, sous une forme ou une autre, la croissance économique moderne telle que nous la connaissons va de pair avec la satisfaction des désirs individuels, qui porte en elle l'éclatement des couples et la progression du nombre d'individus isolés. Le phénomène a été masqué jusqu'ici par le développement d'un immense champ d'action sociale et de dépenses publiques, l'État se voulant providence en lieu et place des solidarités traditionnelles : le poids des dépenses publiques dans le PIB a quasiment doublé en soixante ans, de 35 % en 1960 à 60 % en 2021. Combien de temps encore ces dépenses continueront-elles à augmenter, combien de temps encore l'État continuera-t-il à compenser des conséquences sans regarder ce qui, dans la vie moderne, est la cause première de l'effondrement des solidarités traditionnelles ? Alors que la dette publique française approche 3 000 milliards d'euros (110 % du PIB...) et que les déficits publics continuent à s'accumuler, le pourcentage de personnes seules a augmenté de 50 % entre 1960 et 2020, passant de 20 % à 30 % des Français ; le nombre des familles monoparentales, de 680 000 en 1962, a atteint 1,5 million en 1999 et près de 2,4 millions en 2020 : si la solidarité nationale leur accorde habitat et minima sociaux, c'est bien parce que ces parents – mères de famille en très grande majorité – sont surexposés aux risques de pauvreté ou de précarité, et aux difficultés de garde d'enfant. En quarante ans, le taux de divorce par habitant a triplé, passant de 4,5 % en 1970 à 12 % en 2010, et à plus de 20 % en région parisienne ; tous types d'unions confondus, les séparations de couples sont passées de 150 000 à 260 000 chaque année entre 2000 et 2020, soit en vingt ans seulement.

Même si on ne peut réduire l'explication de ces chiffres à un seul facteur, comment ne pas poser l'hypothèse d'une relation de cause à effet entre forme moderne du travail et séparations des couples quand, par exemple, être cadre supérieur et divorcé est devenu une quasi-norme au siège de certaines grandes entreprises françaises ?

Les couples en voie d'individualisation

La réussite d'une vie est aujourd'hui une notion plus individuelle et professionnelle qu'elle ne l'a jamais été, et son sens familial et social n'a jamais été aussi faible. Chaque fois que des doutes questionnent le sens de cette réussite, les immenses progrès matériels et technologiques sont évoqués, sans que leurs conséquences sur les couples et les familles soient mises en balance. Chaque fois que le travail moderne met sous tension des couples, le progrès de l'émancipation des femmes est mis en avant. Chaque fois que des personnes sont atteintes dans leur énergie vitale, par le découragement, l'épuisement ou la dépression, qui arrive deux fois plus chez les femmes que chez les hommes, développement personnel, coaching et psychotropes sont mobilisés pour guérir les plaies de l'âme.

Dans une collectivité humaine qui s'est progressivement placée au service de l'économie et de sa croissance, faisant prioritairement de chacun un individu producteur et consommateur de biens et services, la résistance des couples, jour après jour, s'effrite. Le compte bancaire commun ne concerne aujourd'hui plus que 65 % des couples français, ce qui les situe d'ailleurs dans la moyenne européenne. 20 % des couples ont désormais des comptes entièrement séparés. Différents acteurs politiques ou associatifs militent même pour la généralisation de l'individualisation fiscale au sein des couples. Il est vrai que, une fois payé l'impôt du couple, le revenu additionnel généré par le plus petit des salaires, encore majoritairement féminin, est souvent faible : rapporté aux dépenses d'aides à domicile, il peut alors sembler préférable que les conjointes assument la totalité des responsabilités familiales, ce qui aboutit à leur dépendance économique.

Mais la séparation fiscale des conjoints signifierait aussi un pas supplémentaire vers leur autonomisation et la dissolution du *un à deux* qui fonde psychologiquement les couples, ce qui offrirait une victoire de plus à l'individualisme. Est aussi apparue depuis quelques années la pratique nouvelle d'une contribution identique des conjoints aux dépenses du couple, dite du « 50/50 », indépendamment du revenu de chacun : elle signifie de fait une réduction au minimum de la solidarité au sein d'un couple, l'union économique étant dans ce cas limitée au partage égalitaire des seules dépenses collectives. Dans ce moderne *50/50*, chacun assume soi-même la totalité de ses désirs et besoins individuels. Pas de générosité réciproque instituée et multiforme, nul don et contre-don, pas de sacrifice ou renoncement personnel au profit de l'autre, pas de *temps donné au temps* nécessaire au rapprochement des avis et des goûts, mais une simple gestion comptable et à court terme des dépenses mises en commun. Le magazine *Psychologies*, dans un article publié en février 2022 sous le titre « En couple chacun chez soi », étudiait aussi le développement de doubles lieux de vie conjugaux, la vie commune se limitant dans cette configuration aux moments d'intimité ou aux activités menées à deux en dehors des domiciles respectifs. Ce minimum, qui certes préserve la liberté de chaque conjoint, démonétise les obligations de résidence commune liées au mariage ou au Pacs : la rupture peut alors procéder d'une simple décision individuelle dont les conséquences matérielles sont quasi inexistantes.

Bien avant, la libération sexuelle des années 1970 avait puissamment contribué à dévaloriser un mariage souvent qualifié de « bourgeois ». Les lois, qui ont évolué à l'unisson de la culture et des mœurs, ont aujourd'hui fait de celui-ci, cadre légal pourtant le plus protecteur pour les conjoints, une simple forme de vie à deux parmi tant d'autres. Le nombre de mariages est ainsi tombé de 400 000 dans les années 1970, à 230 000 environ aujourd'hui. La reconnaissance légale du concubinage ou l'instauration du Pacs ont réduit les obligations de solidarité entre conjoints : si le mariage impose secours réciproque aux époux, le Pacs lui n'exige qu'une assistance matérielle ; le concubinage, lui, rien du tout, pas même l'obligation de vivre ensemble. Les familles monoparentales sont passées, entre 1970 et 2020, de 10 % à 25 % des familles, et 60 % des enfants naissent aujourd'hui hors mariage. Le taux de divorce atteint des records, touchant nous l'avons vu, presque un couple sur deux. Demandé très majoritairement par les femmes, il ne reste vu qu'à travers le seul prisme de l'émancipation, sans que sa croissance régulière ne suscite questionnements ou inquiétudes particulières.

Des « problèmes de couples »

La notion de couple est peut-être aussi devenue aujourd'hui, en elle-même, moins valorisée qu'elle a pu l'être par le passé, en raison d'une plus grande médiatisation des violences entre conjoints ou ex-conjoints : face à des situations souvent bouleversantes, la perception de la solidarité fondatrice d'un couple a pu s'émousser. Toutefois, la modernité qui substitue le marché aux solidarités sociales traditionnelles ne peut pas être exonérée d'une part de responsabilité dans ces violences : le chômage de longue durée, qui installe perte d'estime de soi, isolement social et anxiété, mais aussi l'alcool et la pauvreté, ou le déracinement culturel, sont surreprésentés dans ces drames. Beaucoup surviennent chez des laissés-pour-compte des liens les plus traditionnels de la solidarité : une femme a, par exemple, plus de risques de subir des violences conjugales si elle est non mariée et qu'elle vit en milieu urbain, c'est-à-dire dans une relation non définie, souvent isolée de sa proche famille et dans un cadre moins propice aux relations de voisinage.

Au nom de la spécialisation des économies et de la compétition internationale, dont le renforcement semble à beaucoup inéluctable, l'acceptabilité de *dommages collatéraux* fait depuis quarante ans l'objet d'un consensus politique majoritaire. La modernité met sous pression les couples, sans que l'examen d'une relation de cause à effet soit enjeu d'une réflexion politique. Délocalisations et plans sociaux, chômage de masse, impossible accès aux lieux où se crée la richesse pour les habitants de la

« France périphérique[1] », déclassement des classes moyennes par la diminution relative de leurs revenus, émiettement urbain et paupérisation des centres-villes dans les petites et moyennes agglomérations, surendettement facilité par les offres *alléchantes* de crédit à la consommation : la baisse du nombre de mariages comme la hausse rapide des familles monoparentales et des séparations sont avant tout considérées sur le plan individuel, comme des *problèmes de couples*, à gérer par les couples, à coups de thérapies et de médiations. Il en est de même pour la souffrance au travail, les dépressions, la clochardisation et les suicides, avant tout considérés comme des fragilités personnelles. Ils sont pourtant les symptômes criants des dysfonctionnements produits par les modes de vie modernes et les choix économiques.

L'individualisation de l'analyse a empêché jusqu'ici de mener une réflexion collective: il y a aujourd'hui mieux à faire que de simplement constater l'augmentation des chiffres.

De la fragilisation du couple à celle de toute la société...

Toute la société tremble sur ses bases, s'isole, s'inquiète et s'émiette, comme l'indique Jérôme Fourquet dans *L'Archipel français*[2]. Les habitants de ce pays, plus encore que les autres Européens, sont en colère et cherchent l'affrontement.

1. Christophe Guilluy, *Le France périphérique. Comment on a sacrifié les classes populaires*, Flammarion, 2014.
2. Jérôme Fourquet, *L'Archipel français*, Seuil, 2019.

La grande crise mimétique du *tous contre tous* théorisée par René Girard[3] est là, dans une société où l'individu est devenu figure de référence, en rupture de toutes les solidarités historiques. Les crimes et délits, depuis les années 1950, ont été multipliés par plus de six en France. Le nombre de personnes souffrant de dépression y a augmenté de 20 % en seulement dix ans, entre 2005 et 2015. 480 000 personnes sont estimées en détresse psychologique au travail et le syndrome d'épuisement professionnel concernerait chaque année 7 % d'entre elles. La France compte chaque année près de 10 000 décès par suicide, dont les hommes sont à 75 % victimes. Dans l'OCDE, selon les pays, 5 à 10 % des adultes consomment quotidiennement des antidépresseurs.

Le travail moderne aspire l'énergie collective de la société, comme il aspire celle des couples. Au-delà des fragilisations individuelles, toutes les structures nationales de solidarité sont touchées. De 1960 à 2020, le taux de syndicalisation, en France, a été divisé par quatre : à 8 % aujourd'hui, il signe l'effondrement des collectifs de représentation des salariés (surtout dans le privé) au profit de l'action spontanée, que les gilets jaunes ont incarnée en 2018 et 2019. Sur le plan confessionnel, 3 à 5 % seulement des Français vont aujourd'hui régulièrement à la messe, contre 20 à 25 % dans les années 1960. La paroisse avait pourtant été pendant mille ans le premier lieu de la solidarité locale. La tendance est identique dans les pays protestants, avec une pratique religieuse désormais de l'ordre de 2 % au nord de l'Europe. Tout se passe comme si l'addiction à la consommation avait permis de combler

3. René Girard, *La Violence et le sacré*, Grasset, 1972.

l'angoisse primordiale de la vie. « On ne comprend rien au monde moderne si on ne voit pas qu'il a pour principale fonction de supprimer toute vie intérieure », écrivait déjà Georges Bernanos, en 1947, dans *La France contre les robots*. La participation aux élections connaît elle aussi une importante décrue, marquant la désaffection des Français envers une citoyenneté pourtant gagnée de haute lutte au XIXe siècle pour les hommes et au XXe siècle pour les femmes. Aux élections municipales, pourtant échelon de la vie démocratique auquel ils sont le plus attachés, l'abstention est passée de 20 % dans les années 1970, à 55 % en 2020 ; la tendance est quasi identique pour les élections législatives. Les jeunes sont au cœur de ce retrait citoyen : moins de 30 % des moins de 30 ans ont voté au second tour des législatives en 2022 contre 60 % des plus de 65 ans.

… et pourtant tout le monde regarde ailleurs

Si l'individualisation du travail de chaque conjoint a généré un immense développement économique et social, les excès du monde moderne dans lequel nous vivons aujourd'hui sont en revanche désormais partout pointés : risques climatiques avérés, pollutions océaniques de grande ampleur, épuisement des matières premières, chute dramatique de la biodiversité, effondrement démographique en Occident et dans les pays asiatiques les plus avancés, migrations massives, dépendances alimentaires et médicales, discrédit des structures politiques collectives, nationales comme internationales, violences urbaines, confiscations démocratiques, pertes de souveraineté… Une inquiétude, si ce n'est une profonde angoisse, dont l'expression revêt de multiples formes, questionne désormais jusqu'au concept même de progrès. Partout les dommages du système de prédation généralisée au service de la consommation sont patents, mais seules ses conséquences environnementales et climatiques font aujourd'hui relativement consensus… même si les solutions tardent à se manifester.

Étonnamment, dans le vaste inventaire des dérives de la modernité auquel nous assistons aujourd'hui, l'examen critique de la vie concrète des couples demeure un angle mort, sinon sous l'aspect d'une dénonciation répétée de la trop faible implication des pères dans la sphère familiale. Pour le reste, tout est religieusement tenu pour progrès, tant on craint qu'un bilan des pertes et profits ne conduise à remettre en cause l'émancipation des femmes. Pourtant, si celle-ci est la marque de la modernité, elle est aussi contemporaine d'une émancipation générale, hommes inclus, par les ressources de l'industrie, de la technique, de la médecine et de la consommation.

La caractéristique de la modernité n'est pas tant l'émancipation des femmes, dont elle est certes un aspect très important, que celle de l'individualisation générale. Chacun, homme ou femme, est devenu en soi-même un projet autonome et revendiqué comme tel, que chaque couple s'emploie tant bien que mal à faire avancer de concert, à défaut du même pas comme sous le joug ancien. Cela requiert un équilibrisme certain, en particulier quand des enfants viennent complexifier les fonctionnements les mieux huilés.

Deuxième partie

Changer le travail pour faciliter la vie professionnelle des couples

Per correr miglior acqua alza le vele[1].

Dante Alighieri, *La Divine Comédie,*
Le Purgatoire, premier chant, premier vers.

1. « Pour voguer sur une onde meilleure, déploie tes voiles. »

1

Comprendre le problème des couples bi-actifs

Un système de vases communicants

Au sein des couples, un système de vases communicants lie étroitement les temps professionnels et privés des conjoints. Dans ce système, si l'un des conjoints s'investit fortement dans sa vie professionnelle, il le sera nécessairement plus faiblement dans sa vie privée, notamment familiale. L'autre conjoint sera alors contraint de compenser ce sous-investissement familial en s'investissant lui-même davantage dans la vie privée du couple, au détriment de son propre investissement professionnel. Ces liens réciproques entre sur- et sous-investissement de chaque conjoint dans les sphères professionnelles et privées sont l'essence même du problème posé aux couples par l'articulation entre vie professionnelle et privée : chacun y est dépendant de l'autre, dans une équation complexe où chacun est un paramètre de l'autre.

Si les conséquences du surinvestissement professionnel de l'un des conjoints sont choisies et acceptées par l'autre conjoint dans sa propre vie, tout va bien. S'il les subit comme une contrainte imposée contre sa volonté ou ses désirs, il les vivra comme un asservissement à la sphère privée générant une frustrante perte de chances professionnelles. Chaque couple peut décider ensemble du niveau d'investissement de l'un ou de l'autre conjoint dans chaque sphère, à condition de bien se souvenir que de l'investissement de l'un dans l'une des sphères dépend celui de l'autre dans l'autre sphère, dépendance d'ailleurs explicitement prise en compte dans une procédure de divorce. Le comprendre brutalement au bout de quinze à vingt ans de vie commune peut être violent, pour l'un comme pour l'autre conjoint.

Le système des vases communicants entre temps professionnel et privé des conjoints fonctionne principalement au détriment professionnel des mères de famille. Chercher à ce que les mères bénéficient aujourd'hui des mêmes opportunités professionnelles que les pères demande à assimiler le fonctionnement de ce système, et ses conséquences pratiques. Le monde du travail, et plus largement l'organisation de la société – nous y reviendrons – gagnerait à minimiser le surinvestissement professionnel de l'un des conjoints – statistiquement les pères –, car c'est bien de là que provient le sous-investissement professionnel de l'autre conjoint – statistiquement les mères.

Les couples, eux, doivent pouvoir, aussi librement que possible, faire fonctionner ces vases communicants, chaque conjoint ayant la possibilité, si c'est en accord avec l'autre, de surinvestir l'une ou l'autre des sphères. La réalité pour chaque conjoint d'une articulation sereine entre vie professionnelle et privée est la condition la plus classique d'une égalité potentielle entre conjoints. Cette égalité est celle du respect des choix et aspirations de chacun, modelée aux contraintes inhérentes de la vie à deux. Elle n'est pas une égalité comptable ou factuelle qui, par définition, rendrait identiques les ambitions des conjoints au sein des couples : une différence entre investissements professionnels ou familiaux ne signifie pas *ipso facto* une injustice. Les hommes entre eux, comme les femmes entre elles, ont des aspirations très diverses, et chaque couple est une alchimie singulière.

L'équivalence ou la supériorité du niveau d'études des femmes, la similitude de l'âge des conjoints, le rapprochement de leurs revenus, comme le sens que chacun trouve à son travail, ont aujourd'hui rebattu les cartes du partage des responsabilités dans les couples, donnant lieu à une infinie diversité de modèles.

Plafond de verre et plancher de verre

Dans le monde du travail, deux analogies sur le thème du verre ont permis de donner des images concrètes aux freins invisibles à un juste épanouissement professionnel et privé des hommes et des femmes : le *plafond de verre* et le *plancher de verre*. Le plafond de verre illustre la diversité des facteurs qui empêchent l'épanouissement professionnel des femmes, et en particulier des mères de famille : fortes exigences de disponibilité ou de mobilité géographique, stéréotypes, temps partiel stigmatisé, travail à distance récusé, vision masculine du pouvoir, comportements sexistes… À un certain moment de leur carrière, les femmes peuvent buter sur ce plafond transparent qu'aucune règle explicite n'édicte pourtant : il les empêche néanmoins, concrètement, de progresser dans la hiérarchie d'une organisation. Le plafond de verre les prive d'un plein développement de leurs talents au sein de la sphère professionnelle, égal à celui des hommes.

Le plancher de verre, lui, en miroir du plafond de verre, éclaire, à partir d'un certain niveau de responsabilité professionnelle, la difficulté à faire reconnaître comme légitime le temps nécessaire aux engagements familiaux. Le plancher de verre concerne majoritairement des hommes, même s'il commence aujourd'hui à toucher significativement les femmes. Les stéréotypes masculins sur l'exemplarité ou la solidarité dans le travail, une approche sacrificielle des responsabilités ou l'exigence d'un fort niveau de disponibilité participent notamment à ce plancher de verre. Mobilisés par leurs responsabilités, intégrés à des collectifs où le respect des pairs s'obtient souvent par l'adoption de comportements identiques, les hommes peuvent être rapidement conduits à s'isoler, contre leur gré, au sein de la sphère professionnelle. Le plancher de verre, tout aussi invisible mais tout aussi solide et concret que le plafond de verre, coupe ceux qui assument des responsabilités d'un accès légitime à leurs enjeux familiaux. Il empêche un rééquilibrage de leur temps vers la sphère privée, rendant impossible un mouvement inverse des conjoints vers la sphère professionnelle.

Une répartition moins inégalitaire des charges familiales entre conjoints est pourtant un impératif dans une société où les opportunités professionnelles des hommes et des femmes sont devenues très proches.

Des enjeux systémiques et non individuels

S'ils sont tous les deux *de verre*, il existe néanmoins une grande différence entre le plancher et le plafond de verre, respectivement principalement subis par les hommes et par les femmes. Le plancher de verre contribue directement au plafond de verre, déséquilibrant le système des vases communicants au sein des couples. Il est fait pour maximiser le temps au travail des hommes, mais il a pour conséquence mécanique (toujours les vases communicants…) de contraindre les femmes à assurer une part prépondérante des responsabilités familiales, ce qui génère leur plafond de verre. Il est caractéristique du monde du travail avant que les femmes n'y aient accédé autant que les hommes : il définit des règles et comportements au travail qui auraient dû évoluer dans un monde du travail devenu mixte. Il est devenu un anachronisme au sein du travail moderne. Insuffisamment identifié, il structure néanmoins toujours les grandes lignes d'une culture du pouvoir et des responsabilités, et formalise implicitement des comportements et obligations.

Pour rompre le plancher de verre, il suffirait aux pères de pouvoir être engagés dans leur travail tout en assumant normalement leurs enjeux familiaux, ce qui ne semble pas *a priori* constituer la quadrature du cercle. Pour y parvenir, les pères ont à mobiliser une part de simple courage, de volontarisme et d'affirmation de soi, que d'aucuns appelleraient *virilité.* Mais il ne faut pas sous-estimer les injonctions professionnelles que l'histoire du travail a fait supporter aux hommes, notamment quand ils assument des responsabilités, avant de récemment les étendre aux femmes. Leur allégement peut difficilement se faire par la seule prise de conscience de ceux qui les subissent, et parfois les transmettent, depuis tant d'années : *les coutumes* sont trop souvent devenues chez eux de *secondes natures,* pour reprendre les mots de Pascal. Si leur abandon avait été possible à peu de frais, il aurait probablement eu lieu depuis longtemps, car les hommes sont très conscients des risques qu'une excessive charge professionnelle fait peser sur leur vie conjugale. Une étude réalisée en 2011 par l'IFOP pour l'association « Mercredi-c-papa » avait montré que la fragilisation de leur couple était la première crainte des cadres français – hommes – face à la pression professionnelle.

Au-delà d'un volontarisme individuel, permettre aux hommes comme aux femmes d'être engagés professionnellement tout en bénéficiant du temps nécessaire à leurs responsabilités familiales demande de profondément repenser l'organisation du travail, en particulier pour les cadres : c'est cette transformation systémique qui seule pourrait permettre de rompre en même temps le plancher et le plafond de verre. C'est notamment parce que le plancher de verre a été ignoré, ou que personne n'a voulu prendre en compte la nécessité d'y mettre un terme, que beaucoup d'efforts pour rompre le plafond de verre ont échoué, aboutissant finalement, de guerre lasse, à l'instauration de quotas.

2

Le rendez-vous manqué de l'égalité

Objectif : changer les femmes

Une organisation du travail cherchant la double rupture du plancher et du plafond de verre, c'est-à-dire qui réponde au problème de l'égalité tel qu'il se pose concrètement, n'a été que peu explorée jusqu'à présent : comment s'en étonner puisque le couple n'est pas au cœur des réflexions politiques, économiques et sociales, au contraire des droits individuels et de la croissance économique ? Le modèle du travail moderne aurait évidemment pu et surtout dû être questionné au début des années 1980, dès lors qu'il commençait à s'ouvrir largement à des mères de famille dont le temps professionnel n'était pas, en moyenne, la duplication exacte de celui des pères. Il ne l'a pas été. C'est plus tard, par l'angle des injustices professionnelles subies par les femmes, que les questions d'égalité ont été abordées.

Dans le monde du travail tel qu'il est aujourd'hui, ces injustices sont indéniables, et touchent non seulement les mères mais aussi, plus largement, les femmes : elles accèdent toujours moins que les hommes à de hautes responsabilités, supportent des écarts de revenus importants et subissent parfois encore au travail des propos ou attitudes sexistes. Depuis les années 2000, dans le sillage d'une culture américaine qui en a fait un enjeu de société, l'égalité entre hommes et femmes est devenue un enjeu majeur d'image institutionnelle pour tous les grands acteurs économiques et sociaux, dans tous les pays dits *développés*. En France, dans le champ politique, l'accès des femmes aux ministères régaliens a été suivi par la parité dans les postes de ministres et secrétaires d'État, effective à partir de 2012. Dans le monde économique, il a principalement été considéré que c'était aux femmes de rétablir l'égalité avec les hommes, comme si les comportements des femmes étaient la cause principale de leurs moindres succès professionnels : à elles donc, pour rompre le plafond de verre, de développer leur confiance en elle, leur assertivité, leur capacité à prendre des risques ou à négocier leur salaire, qualités tenues comme *naturellement masculines*. Des statistiques issues de nulle part, mais crédibles en termes de stéréotypes, sont venues étayer ces points de vue, comme celles stipulant qu'un homme postule à une offre d'emploi quand il pense détenir 50 % des compétences requises, ce pourcentage montant à 120 % pour une femme. Aux femmes donc de se transformer pour s'intégrer à égalité avec les hommes dans le monde du travail tel qu'il est, et accéder aux mêmes niveaux de responsabilités. Aux hommes de les y *aider*, notamment en prenant conscience des stéréotypes associés aux femmes dans le monde du travail, mais aussi, en tant que dirigeants ou *sponsors égalité femmes-hommes*, en manifestant publiquement leur ouverture d'esprit et leurs engagements volontaristes, le cas échéant chiffrés.

Elles *versus* eux, matrice de tous les simplismes

Un accompagnement adéquat a alors été imaginé pour aider ces femmes: coaching, mentorat, réseaux de femmes et rôles modèles féminins censés être *inspirants* ont alors constitué la première vague, toujours largement en cours, des actions en faveur de l'égalité professionnelle entre les hommes et les femmes. Parallèlement, des formations contre les stéréotypes ou le sexisme ont souvent été proposées, et parfois imposées, notamment aux hommes dont on supposait une certaine résistance au changement culturel égalitaire.

Cette manière d'aborder le problème, fondée sur la responsabilité des femmes d'un côté, et des hommes de l'autre, a eu de nombreux avantages pour le monde du travail : le principal a été de permettre au modèle économique moderne de perdurer sans évolution majeure. En encourageant les adaptations individuelles, cette approche a d'abord réduit au minimum l'analyse politique des inégalités. Elle a ensuite contourné la question centrale, celle de la compatibilité entre la disponibilité professionnelle exigée dans l'encadrement, notamment à haut niveau, et le poids des responsabilités familiales classiques. Jamais n'ont été abordées les conséquences inéluctables de l'investissement professionnel à haut niveau de l'un des conjoints sur l'autre conjoint. Cela a permis de maintenir intacte la charge de travail au sein de la chaîne managériale, et même de l'augmenter tendanciellement.

Elle a par ailleurs évité l'écueil, majeur, d'une profonde transformation de la culture et de l'organisation du travail qui aurait été beaucoup plus coûteuse et engageante. La mise sur pied d'un réseau féminin, le financement de quelques centaines de formations contre les stéréotypes et le sexisme, et l'accompagnement de quelques dizaines de femmes *à haut potentiel* par des coachs ou des mentors, représentent un effort culturel, organisationnel et budgétaire bien moindre, et pour tout dire somme toute assez limité, en faveur de l'égalité.

Cette stratégie a néanmoins été plébiscitée par les femmes qui ont bénéficié des mesures d'accompagnement individuel ou collectif conçues à leur attention, ce qui a été présenté comme la preuve de leur succès. Qui se plaindrait en effet d'être coaché, d'avoir un mentor à disposition, de bénéficier de rencontres avec des intervenants de qualité, de pouvoir réseauter intelligemment et de participer à des séminaires aussi agréables qu'inspirants ? Par ailleurs, cette manière de parvenir à l'égalité est entrée dans une structure mentale classique, simplificatrice et souvent simpliste, du *elles* versus *eux :* elle a abouti à ce que la plus grande part des inégalités professionnelles soit attribuée à des schémas culturels enfermant hommes et femmes dans des comportements types, ne pouvant évoluer qu'au rythme des changements culturels, c'est-à-dire lentement. L'organisation du travail, elle, dans ses profondeurs, a rarement été mise en cause.

Si ces politiques ont indéniablement arrondi certains angles, et fait évoluer des esprits, elles ont néanmoins partout échoué à résoudre le problème auquel elles s'attaquaient, à savoir permettre une vraie égalité d'opportunités professionnelles entre hommes et femmes. L'insuffisance de leurs résultats a d'ailleurs conduit les pouvoirs publics à passer en force, par des quotas, pour faire véritablement *bouger les lignes* de ces inégalités si résistantes entre les hommes et les femmes.

Une égalité qui refuse l'obstacle

Même si les dispositifs évoqués précédemment ont le plus souvent été conçus et mis en place par des femmes très engagées sur le sujet de l'égalité, il y avait paradoxalement un certain sexisme à considérer que c'était aux femmes de se mobiliser pour s'intégrer dans un système qui n'avait pas été conçu pour elles. Comme si c'étaient elles le problème et non une organisation du travail conçue pour exploiter au maximum le temps des collaborateurs, hommes d'abord, femmes ensuite. Pour permettre aux mères de véritablement franchir le plafond de verre, le problème n'est pas tant aujourd'hui celui de leur intégration *dans*, mais celui de leur inclusion *par* le monde du travail, c'est-à-dire de sa transformation pour leur permettre de s'y engager et d'y progresser sans difficulté particulière. Nous l'avons vu, demander aux mères d'assumer le même niveau d'engagement professionnel que les pères ne peut fonctionner que si les pères franchissent le plancher de verre, assumant davantage de responsabilités familiales. Au-delà de tous les discours sympathiques sur travailler mieux ou différemment, cela implique concrètement que les pères passent moins de temps à travailler. Il n'y a pas d'autre solution et tout le reste est contournement plus ou moins habile du vrai problème.

Au moment où les femmes ont commencé à être massivement en position d'accéder aux hautes responsabilités professionnelles, c'est-à-dire au début du XXIe siècle, cette réalité factuelle aurait dû conduire les acteurs économiques à revoir à la baisse, d'une manière ou d'une autre, la charge de travail, la disponibilité et donc aussi la rémunération de toute la chaîne managériale. Cette révision aurait dû aller jusqu'à concerner les dirigeants, ceux qui sont aujourd'hui visés par les nouveaux quotas de femmes. Il n'en a rien été. Il n'y a pourtant pas d'autre manière pour permettre aux hommes, qui assument majoritairement encore ces hauts niveaux de responsabilité professionnelle, de s'impliquer davantage dans la sphère privée, condition *sine qua non* pour que leurs conjointes s'y impliquent moins, libérant leur disponibilité professionnelle à elles.

Cette logique est certainement difficile à faire accepter aux plus hauts niveaux hiérarchiques, là où la rémunération, le prestige et les avantages du pouvoir sont les plus gratifiants… et les hommes les plus nombreux. Cela explique probablement pourquoi elle a été rarement envisagée dans les politiques d'égalité professionnelle entre hommes et femmes : à de rares exceptions près, principalement dans des petites ou moyennes entreprises, ce paramètre ne fait pas encore partie de l'équation. Si ce rééquilibrage avait été développé à grande échelle, le maintien à l'identique de la rentabilité des organisations aurait pourtant été assuré : l'augmentation de la disponibilité professionnelle des mères de famille, auparavant limitée par leur engagement familial, aurait compensé la diminution de celle des pères. Les différentes études qui, depuis les années 2010, ont établi une corrélation – mais non une causalité comme on l'entend souvent – entre mixité et performance, n'ont pas encore suffi à en convaincre.

Des postures égalitaires plus que l'égalité

On peut se demander pourquoi, alors que les déclarations d'intention en faveur de l'égalité sont souvent tonitruantes, il n'a été que marginalement tenté de résoudre cette équation égalitaire. Une première explication est que ceux qui bénéficient d'un haut ou très haut revenu souhaitent rarement le voir diminuer : *l'aversion pour la perte*, notion bien connue de l'économie comportementale, est de fait un puissant biais cognitif et émotionnel[1]. Psychologiquement, une réduction de la charge de travail ne compense pas nécessairement une baisse de rémunération, surtout si une conjointe accepte de modérer, adapter ou sacrifier ses propres ambitions professionnelles. C'est le cas pour l'essentiel des dirigeants aujourd'hui. Une surreprésentation de dirigeants au profil social et cognitif similaire, dont l'épouse assure la part principale de l'intendance familiale et sociale, a certainement nui à une vraie prise de conscience, vécue dans sa chair, des intenses difficultés traversées aujourd'hui par les

1. Voir les travaux de Richard H. Thaler, prix Nobel d'Économie 2017, et ceux de Sébastien Bohler (cf. striatum et circuit de la récompense).

jeunes couples doublement engagés professionnellement. Il est possible aussi que, pour les dirigeants et actionnaires d'entreprises, la simple idée de faire moins travailler les hommes suffise à montrer la limite au-delà de laquelle le ticket de l'égalité n'est plus valable. On peut aussi retenir comme plausible que le thème de l'égalité ayant été majoritairement porté par des associations féministes, la question des couples et donc des hommes ait été moins prise en compte, sinon en termes d'antagonisme entre hommes et femmes. Pourtant, et nous reviendrons sur ces chiffres, 2/3 des pères contre 1/3 des mères disent ne pas passer assez de temps avec leurs enfants, les obligations professionnelles étant citées comme premier empêchement : il y avait là une autoroute facile à emprunter pour briser le plancher de verre et changer le travail.

Autre possibilité encore : qu'un rêve prométhéen ait pu séduire, visant à changer les hommes et les femmes plutôt que le système organisationnel dans lequel ils travaillent. Les grandes idéologies mortifères du XXe siècle ont pourtant amplement démontré l'échec des projets visant à créer des femmes ou des hommes nouveaux. Ce fantasme inhumain séduit néanmoins toujours et ressurgit régulièrement ici ou là, sous une forme ou une autre. Plausible encore qu'une posture morale sur l'égalité, bienveillante et donneuse de leçons, lénifiante et somme toute peu engageante, séparant l'humanité en bons et méchants, ou en *éveillés* et *déplorables*[2], autre version du *eux et nous,* suffise à beaucoup. Dernière

2. Selon l'expression d'Hillary Clinton : « A basket of déplorables » (campagne présidentielle, septembre 2016).

possibilité, et pas la moindre : qu'un discours engagé sur l'égalité puisse constituer une habile posture de communication. Comment en effet être accusé de développer un modèle d'affaire prédateur si, par ailleurs, on passe pour généreusement mobilisé en faveur de *l'égalité femmes-hommes* ? L'intense activisme sur ce thème de la plupart des grands groupes de l'économie mondialisée, et en particulier des leaders américains du numérique, doit au minimum mettre la puce à l'oreille : tous préfèrent n'importe quel type d'engagement sociétal médiatique à la mise en cause de leur modèle d'affaire destructeur, axe traditionnel de la critique écologique, ou à celle du partage de leurs gigantesques profits, axe traditionnel de la critique sociale. Par ailleurs, dans les grands groupes européens dont une part conséquente du chiffre d'affaires est réalisée aux États-Unis, la puissance des ONG militantes oblige à minimiser les risques en alignant la communication d'entreprise, tous pays confondus, sur les points de passage obligés de la conformité culturelle américaine. Une posture de communication à laquelle sacrifier rituellement, sinon à risquer de dangereuses campagnes de harcèlement ou de boycott.

« Le voulons-nous vraiment ? »

Rendus à ce point, la question : « Voulons-nous vraiment réduire les inégalités professionnelles subies par les femmes ? » renvoie finalement à une autre interrogation, plus globale : « Voulons-nous vraiment que, dans les couples d'aujourd'hui, chacun puisse être à la fois engagé dans son travail et dans sa vie privée ? » Si la réponse est oui, la question suivante est alors : « Voulons-nous vraiment changer le travail ? » La réponse à celle-ci ouvre à rien de moins qu'une révolution, qui peut néanmoins être douce…

3

Commencer par détruire les pratiques déclusives

Une organisation du travail qui exclut

Si on veut bien se donner la peine d'interroger les mères de famille, celles-ci pointent très vite les comportements, usages et normes, implicites ou explicites, qui, au sein de leur travail, rendent souvent, sans véritable justification, difficile d'assumer des responsabilités familiales. Une certaine souplesse, des règles moins rigides ou d'autres revues pour intégrer les rythmes de vie parentaux les plus classiques, sont rapidement évoquées pour y remédier. Cette perception est moins immédiate chez les pères de famille dont le questionnement sur la compatibilité entre leurs responsabilités familiales et professionnelles est habituellement moins aigu. En y réfléchissant quelques minutes, ces derniers identifient néanmoins, tout autant que les mères, les mêmes facteurs limitants aussi bien qu'irritants. Parce qu'ils freinent, et parfois empêchent l'inclusion professionnelle des mères de famille, et plus largement menacent tout parent normalement engagé dans sa vie familiale, ces facteurs sont qualifiables de *déclusifs*. Ils le sont aussi pour de nombreux collaborateurs sans charge familiale, mais les pères et surtout les mères en subissent particulièrement les conséquences. Pour les autres collaborateurs, les facteurs déclusifs sont des irritants ; pour les pères et surtout les mères, ils sont des destructeurs de sens au travail.

Les *pratiques déclusives* sont nombreuses, d'ampleur et d'impact variables, et dépendent dans leurs effets de la situation familiale et professionnelle de chacun. Elles se cachent le plus souvent derrière des logiques d'efficacité qui semblent rationnelles, ce qui les rend difficiles à détecter. Pire, une fois identifiées, leur contribution apparente à la performance donne le sentiment qu'elles ne doivent pas être changées ou modifiées : elles s'intègrent assez naturellement dans une culture du travail largement partagée. Pourtant, avec un peu d'imagination et une liberté minimale d'innovation, elles peuvent très souvent être neutralisées. Dans les rares cas où elles ne peuvent l'être, il est en général possible d'en reconnaître publiquement le caractère déclusif : au jour le jour, chacun peut ensuite se prévaloir de cette reconnaissance pour appeler à la vigilance quant à aux effets de ces pratiques sur certaines catégories de collaborateurs. Cela peut parfois suffire.

Manque de ponctualité et urgences systématiques

Une pratique déclusive très classique peut être constituée par un simple manque de ponctualité. Tout parent vit, nous l'avons vu, une tension quotidienne entre les temps, tous nécessaires, dévolus à la vie privée et à la vie professionnelle. Les expressions « être au taquet », « courir après le temps », « être hyper organisé », ou encore « être débordé », souvent prononcées au sujet des mères de famille, illustrent bien cette tension. Les réunions ou rendez-vous qui démarrent en retard perturbent l'organisation au cordeau des collaborateurs parents. Ces retards déclenchent souvent toute une réaction en chaîne : obligation de quitter la réunion avant son terme, alors que les décisions se prennent habituellement dans les dernières minutes ; retard à la réunion ou au rendez-vous suivants, préjudiciables à l'image de sérieux professionnel ; exaspération devant des supérieurs hiérarchiques – souvent les derniers à rejoindre une réunion et les premiers à la quitter – désinvoltes vis-à-vis du temps de leurs collaborateurs ; stress de *réussir quand même à tout faire* au sein d'une même journée, malgré les décalages qui peuvent s'accumuler ; négociations tendues avec une nounou dont la présence doit être prolongée, reproches à recevoir si arrivée en retard à la sortie de la crèche ou de l'école, tension avec le conjoint ou l'ex-conjoint à qui demander d'*assurer la jointure*, nécessité de renvoyer à plus tard ou d'annuler des activités planifiées… lassitude et épuisement de devoir tout, toujours, tout le temps, déplacer, réorganiser et assumer.

Culpabilités professionnelles et familiales, irritations, stress, reproches, excuses, ressentiments et fatigue sont le lot commun d'un conjoint, père ou mère de famille, qui travaille dans une organisation où la ponctualité n'est pas une valeur collective. Toute organisation, toute équipe, tout travail connaît des retards ou des décalages, ils sont inhérents à une activité professionnelle : les manques de ponctualité ne sont déclusifs que lorsqu'ils font partie de la culture d'une organisation, ne sont pas considérés comme devant rester l'exception, et ne font pas l'objet d'excuses sincères.

L'excès d'urgences professionnelles produit le même type de difficultés. Là encore, toute organisation, tout métier connaît des urgences : celles-ci font partie de la vie professionnelle. Elles ne deviennent déclusives que lorsqu'elles sont si communes qu'il faille les hiérarchiser au sein d'une même journée, ou que n'importe quelle activité soit habituellement présentée comme urgente, de manière à en obtenir un traitement immédiat. Elles perturbent alors excessivement les plannings de travail, débordent sur les temps privés et peuvent générer de fortes tensions entre collègues comme au sein des couples. Ces dernières sont maximales quand urgences privées et professionnelles se télescopent, créant des situations particulièrement complexes à gérer. Les collaborateurs supportent alors un niveau exceptionnel de stress, qui peut avoir pour conséquence, sur la durée, une perte de confiance en soi aboutissant à différentes pathologies dépressives.

Les horaires de réunion inadaptés ou imprévisibles

Les horaires de réunions inadaptés à la vie de famille ou imprévisibles sont une autre pratique déclusive. Des réunions qui commencent à 8 heures le matin, ou se terminent à 19 heures, 20 heures ou même 21 heures, empêchent concrètement un conjoint de prendre en charge des responsabilités familiales classiques. Exceptionnellement, ce type d'horaire peut se justifier. Tout peut se justifier, si c'est exceptionnel et pour de vraies bonnes raisons. Mais si ces horaires décalés sont régulièrement imposés, ils peuvent correspondre, implicitement, à une mesure de la motivation des collaborateurs. C'est la soumission à la règle ou, plus sûrement encore, la soumission à celui qui édicte la règle, qui est en fait mesurée. Ce type d'exigence peut s'inscrire dans une psychologie dominatrice, corruption du pouvoir. Je repense ici à un chef d'entreprise, engagé socialement et affirmant donner une grande importance au bien-être de ses collaborateurs, expliquant que l'organisation de réunions à 8 heures le matin, même sans nécessité de travail, était une bonne manière de mesurer la motivation de ses collaborateurs. Une dirigeante, quant à elle, indiquait que la convocation en fin de journée, impromptue et *toutes affaires cessantes*, de ses proches collaborateurs, était une bonne manière de mettre son organisation *sous tension*, afin d'en maximiser l'efficacité collective. Un autre dirigeant encore, lui, présentait l'organisation des réunions de son comité de direction le samedi matin, *au calme,* disait-il, comme une *bonne pratique*.

Si l'un des deux conjoints est soumis à ce type d'horaires ou de réunions décalées, emmener ou aller chercher des enfants à l'école, faire des courses, préparer un repas ou faire réviser des devoirs, dialoguer avec un ado ou aider un ascendant, pratiques familiales on ne peut plus banales, doivent nécessairement, parfois dans l'urgence, être transférées à l'autre conjoint, qui subit en ricochet un excès de responsabilités familiales. Si ce conjoint est lui-même dans l'impossibilité d'en assumer certaines, commence alors un marathon que beaucoup de parents connaissent : trouver des voisins avec qui on se répartit les trajets domicile-école, contacter une association locale d'aide aux parents, une garde d'enfants si on en a les moyens, des grands-parents s'ils sont disponibles, faire les courses en ligne ou faire livrer à domicile les repas du soir, organiser des cours particuliers pour les enfants… C'est toute une petite société, coûteuse en temps, énergie et moyens, qui se met en branle… pour simplement permettre que des réunions commencent ou se terminent en dehors des horaires familiaux habituels. Un peu comme si le travail devait *par nature* commander à toute la société, générant en cascade une immense réaction en chaîne, dans et hors du couple.

Certaines entreprises, prenant le problème à bras de corps, ont fixé les plages horaires au sein desquelles organiser les réunions, limité leur durée à cinquante minutes, de manière à donner à chacun le temps d'arriver à l'heure à la réunion suivante, interdit l'accès de la réunion à l'heure dite plus une minute, et ce quel que soit le niveau hiérarchique du retardataire, imposé que tous les documents à présenter en réunion soient transmis auparavant, de manière à réserver un temps maximum à l'échange et aux décisions, et, sauf exception dûment argumentée, interdit de dépasser cinq participants. Ces règles simples ont parfois permis de diminuer par quatre le temps passé en réunion, et de supprimer un facteur majeur de stress professionnel et de conflits privés.

Perte de temps d'une autre nature, mais à éliminer aussi, que celle de dossiers mal préparés, mal présentés ou incomplets, qui justifient des allers-retours, des reprises, des rediscussions et pour finir de nouvelles réunions. Le temps des collaborateurs est précieux, pas seulement parce qu'il est de l'argent, mais aussi et surtout parce qu'il est de la vie personnelle, conjugale, familiale et sociale. Prendre conscience des pratiques déclusives et les neutraliser, c'est respecter ses collaborateurs et ses collègues de travail dont le temps est compté, au premier rang desquels sont les parents.

Séminaires et formations sur plusieurs jours

Pratiques déclusives encore que les séminaires ou formations sur plusieurs jours, certes occasions de belles rencontres, puissants fédérateurs des collectifs de travail, moments précieux de prise de recul professionnel et de liberté mais qui empêchent de rentrer le soir à son domicile, reportant sur un conjoint – s'il existe ou s'il est disponible – les responsabilités familiales qu'on devrait soi-même assumer. Il n'est pas toujours possible, ni souhaitable, que tout l'environnement familial ou social des collaborateurs ait à s'organiser pour que les équipes de travail soient plus soudées et plus efficaces. Les séminaires internationaux, où un ensemble de collaborateurs sont invités à se réunir dans un *endroit de rêve*, souvent à plusieurs heures d'avion, en sont le paroxysme : ils masquent, par une illusion passagère de luxe et dans un déferlement de CO_2, la réalité du temps privé détourné au profit du temps professionnel.

Quand elles surviennent, les absences aux séminaires ne sont pas seulement à comptabiliser comme une fatalité statistique. Il est important d'étudier si des catégories spécifiques de collaborateurs sont surreprésentées dans les absents habituellement comptabilisés : jeunes parents, pères ou mères célibataires, divorcés avec garde alternée, exclusive ou partagée, aidants familiaux, parents d'enfants handicapés, conjoints de couples aux carrières équivalentes… En somme, toute la société de ceux qui assument par choix ou obligation des responsabilités privées engageantes hors de leur travail.

Des séminaires passionnants peuvent être organisés sur plusieurs fois une journée, plutôt que sur plusieurs jours consécutifs. Chaque formule a ses avantages et ses inconvénients : oui, se rencontrer plusieurs fois une journée est moins fédérateur que passer ensemble plusieurs jours consécutifs, mais réunir dans un séminaire tous ses collaborateurs, plutôt que seuls ceux qui parviennent à se rendre disponibles, ce n'est pas mal non plus. Ne pas constater un taux anormal de mères de famille dans les absents est un objectif en soi.

Il n'y a pas de solution parfaite : tout dépend d'où on place le curseur de l'égalité professionnelle entre hommes et femmes, ou de l'importance qu'on entend donner à l'égalité des chances entre les conjoints, dans les couples.

Les relations informelles hors temps de travail

Pratiques déclusives encore que les temps informels entre collègues, si importants pour la construction de riches relations humaines, tels qu'anniversaires, pots de départ ou célébration de succès collectifs, qui se tiennent souvent *après* les horaires habituels de travail : ils excluent de fait ceux qui ont à assumer des responsabilités privées aux mêmes horaires. Pratiques déclusives aussi que les conférences, tables rondes ou conventions internes qui font partie des à-côtés indispensables du travail, souvent organisées en début de soirée dans le temps ordinairement réservé aux activités personnelles ou familiales, comme si on pouvait toujours empiéter sur le temps privé mais jamais sur le temps de travail.

Pratiques déclusives encore que les sympathiques bavardages en fin de journée, alors que la tension retombe et que le calme règne enfin, ces moments informels si importants pour créer des liens personnels et échanger plus librement avec ses collègues ou supérieurs, mais auxquels, comme toujours, ceux qui sont engagés familialement ne participent que trop rarement. Les moments informels peuvent très bien être formalisés, par exemple en prévoyant un café du matin systématiquement pris à horaire fixe avec toute l'équipe – ou tout le plateau de travail –, une pause collective l'après-midi, un déjeuner hebdomadaire, ou toute autre formule de rencontre régulière, sans autre objectif que de créer des liens personnels entre collaborateurs. Oui, certes, c'est moins informel, mais c'est plus inclusif : il y a un choix à faire, on ne peut pas tout avoir.

Mobilités géographiques et plans de carrière

Pratiques déclusives aussi que les mobilités géographiques obligatoires et planifiées qui accroissent et diversifient sans aucun doute l'expérience professionnelle d'un collaborateur, mais peuvent sévèrement pénaliser la carrière de son conjoint, celui-ci étant une femme dans plus de 2/3 des mobilités. La poursuite de l'activité professionnelle des conjoints doit aujourd'hui être intégrée à la proposition de toute mobilité géographique : ce n'est certes pas simple, mais ignorer les conjoints est une forme brutale de discrimination indirecte.

« Il faut qu'un collaborateur sache ce qu'il veut », répondait lors d'une interpellation à ce sujet le dirigeant d'un grand groupe public français. Comme si l'intendance devait toujours suivre, comme si un collaborateur était seul à devoir tenir compte de ses contraintes de couple ou de famille. J'ai rencontré dans ma vie professionnelle des cadres supérieurs qui, avant cinquante ans, comptaient déjà sept mobilités géographiques à leur actif : est-il imaginable que leurs conjoints, s'ils le sont restés, aient pu faire autre chose que gérer les différents déménagements et inscriptions scolaires des enfants ?

Pratique déclusive encore que la tranche d'âge où sont souvent repérés les collaborateurs dits « à haut potentiel », entre 30 et 35 ans, période où, en moyenne, les parents assument deux naissances et où, statistiquement, les mères sont nettement moins disponibles que les pères. Même si cette période de cinq ans est effectivement propice au repérage de futurs *talents*, la suppression du critère d'âge pour ce type de sélection interne est puissamment inclusive.

Valoriser les horaires tardifs

Pratique déclusive encore et encore que celle qui consiste à valoriser publiquement les collaborateurs les plus disponibles comme étant les plus engagés dans leur travail :

« il est toujours le dernier à partir », « il est toujours le premier au bureau », « j'ai reçu son dossier à 22 heures », « on peut l'appeler n'importe quand »... Cela démobilise pourtant ceux qui, même s'ils fournissent la même qualité de travail, n'ont pas d'autre choix que d'être moins présents ou moins disponibles. Pratique déclusive enfin, mais la liste est loin d'être exhaustive, que le temps partiel au 4/5e, dans les faits presque exclusivement réservé aux mères de famille, implicitement considéré comme inadapté à une fonction managériale ou dirigeante, même si aucune étude, jamais, dans quelque pays que ce soit, n'a pu en apporter le moindre début de preuve.

4

Innover pour faire droit au couple dans le travail

L'égalité est systémique

Les pratiques déclusives empêchant l'égalité dans le travail tel qu'il est aujourd'hui, les neutraliser est donc indispensable. Mais « vraiment changer le travail » demande d'aller plus loin, en tentant d'imaginer le travail tel qu'il devrait être. La première étape est probablement de changer son regard sur les collaborateurs : ceux-ci ne sont pas majoritairement des individus libres et indépendants, comme l'individualisme contemporain et l'économie de marché le suggèrent, mais des conjoints, c'est-à-dire la moitié d'une entité solidaire, un couple. Les conjoints de ces collaborateurs ont aussi des droits : ils ont eux aussi des enjeux de disponibilité, des urgences, des clients, des réunions tardives, des contraintes, des métiers.

Être un acteur de l'égalité implique de prendre conscience que, par le système des vases communicants entre temps professionnels et privés au sein des couples, toutes les structures de travail, à travers les conjoints des collaborateurs, sont reliées entre elles par les enjeux de l'égalité professionnelle entre hommes et femmes. Si un collaborateur termine tard sa journée de travail, cela veut dire que, dans une autre organisation, un conjoint termine tôt la sienne, pour compenser. Imposer à des collaborateurs des horaires lourds, ou décalés, c'est donc reporter sur d'autres structures professionnelles les conséquences d'une inégalité qu'on a soi-même générée. En matière d'égalité, aucune entreprise, publique ou privée, aucune administration ou association n'est donc indépendante : toutes sont reliées par les conjoints des collaborateurs.

Cette réalité systémique justifie de refonder le droit du travail, de manière à reconnaître les couples en tant que sujets du travail. Cela suppose cette fois de *vraiment changer le travail.*

L'égalité se heurte au mur du temps

En matière de droit du travail, la première question à se poser est celle du temps de travail : elle est au cœur de l'inégalité d'accès des mères aux responsabilités professionnelles. La durée légale du travail est en France, depuis 1998, de 35 heures par semaine, soit 7 heures par jour. En revanche, les cadres à temps complet, au forfait jours, déclarent en moyenne aujourd'hui 1 905 heures de travail par an, ce qui correspond à une durée de travail de presque 9 heures par jour, probablement (les comparaisons sont complexes) la plus longue d'Europe. Les pères de famille cadres à temps plein travaillent plus encore, à 1 926 heures par an, tandis que les mères de famille dans la même situation travaillent elles 1 685 heures, soit 241 heures de moins chaque année, soit environ une heure de moins par jour, soit 25 à 30 jours ouvrés de travail en moins par an[1]. 1 % seulement des cadres travaillent 35 heures par semaine, 40 % dépassent 40 heures de travail hebdomadaires, 40 % franchissent le cap des 50 heures par semaine, et 10 % vont au-delà de 60 heures. Les travailleurs non salariés – indépendants, entrepreneurs individuels, professions libérales – travaillent eux beaucoup plus encore, avec en moyenne 2 345 heures de travail par an, soit presque 25 % de plus que la durée moyenne de travail des salariés. Là encore, c'est nettement plus que leurs homologues européens.

Ces lourdes journées de travail sont un trait caractéristique de la culture française. Elles sont, il est vrai, compensées par plusieurs semaines de congés supplémentaires – de 2 à 5 – selon les pays de comparaison. Le forfait-jour, qui permet légalement ces lourds horaires de travail quotidiens, a été mis en place en 2000 en compensation de la loi sur les 35 heures, comme dispositif dérogatoire à la durée légale du travail : il correspond à un nombre de jours travaillés chaque année, fixé à 218 jours/an, plus 10 jours de RTT. Il est en principe réservé aux cadres disposant d'une vraie autonomie dans l'organisation de leur temps, mais il est rapidement devenu un statut correspondant à une certaine autonomie professionnelle. Le forfait-jour, même s'il n'est pas uniquement français, est caractéristique de la très française *logique de l'honneur*

1. Étude INSEE, *Emploi, chômage, revenus du travail*, édition 2020.

analysée par Philippe d'Iribarne[2], qui octroie à chacun une responsabilité qui dépasse le cadre juridique du contrat de travail. Ce forfait n'existe pas en Allemagne par exemple, où les cadres travaillent en moyenne 38 heures par semaine, contre 45 heures en France, soit presque 1 h 30 de moins par jour : c'est considérablement moins, et cela rend beaucoup plus facile d'assumer ses responsabilités familiales ! La charge de travail extensible liée au forfait-jour a d'ailleurs amené le Comité européen des droits sociaux à déclarer en 2021 que celui-ci était contraire à la Charte sociale européenne.

Les cadres dirigeants, eux, sont soumis, nous l'avons vu, à un statut complètement dérogatoire aux protections prévues par le droit du travail : ni horaires ou durée maximale du travail, ni congés obligatoires, ni paiement des astreintes ou RTT… rien. C'est donc un véritable *mur du temps* qu'il faut franchir : il s'oppose à l'ascension professionnelles de tous ceux qui assument des engagements familiaux ou sociaux.

Déléguer vraiment les responsabilités

La situation française est donc celle d'une durée de travail quotidienne exceptionnellement longue, légalisée par un forfait jours pour les cadres, et par un statut dérogatoire au droit du travail pour les cadres dirigeants. Il faut réfléchir à ce que signifie une semaine de 55 heures, ce qui est le cas pour la moitié des cadres, en termes d'articulation

2. Philippe d'Iribarne, *La Logique de l'honneur*, Seuil, 1989.

entre vie professionnelle et vie privée. Si on ajoute un trajet moyen domicile-travail de deux fois 30 minutes, la journée de travail de ces cadres s'étend donc sur près de 12 heures. Même sans événements particuliers, pourtant assez communs, ce type d'horaires rend extrêmement difficile non seulement de s'occuper de ses enfants, mais aussi de participer à une activité sociale ou citoyenne, sportive ou culturelle, ou tout simplement de maintenir une relation de couple : quelle qualité d'échanges entretenir avec son conjoint quand on rentre fatigué par une journée de 12 heures de travail, et que des obligations domestiques minimales vous attendent lors du retour au domicile ? Samedi et dimanche exceptés, le temps de travail quotidien de ces cadres français correspond aux horaires de travail des ouvriers en 1848...

Cette importante disponibilité horaire est le facteur le plus déterminant de la création des plafonds et planchers de verre. Elle explique la disparition de nombreuses mères de famille entre le niveau manager, où la disponibilité demandée est déjà importante mais demeure encore supportable, et celui de cadre supérieur où elle ne l'est plus. Assumant que cette marche est trop haute, elles cessent alors souvent de vouloir la franchir. Continuant à assumer leurs responsabilités, elles abandonnent alors toute manifestation extérieure d'ambition, ce qui passe vite pour une absence d'ambition : elles deviennent ainsi petit à petit aussi invisibles... que le plafond de verre.

S'il est indéniable que certaines situations professionnelles exceptionnelles peuvent exiger une charge mentale de tous les instants, il n'y a pourtant pas de fatalité à une aussi large, commune et excessive disponibilité, même chez les cadres dirigeants. Quand ceux-ci travaillent 70 heures par semaine, et certains jusqu'à 80 heures, il est rare qu'une partie de leur fonction ne puisse être déléguée. La fierté ou la griserie du pouvoir, mais aussi la haute rémunération qui y est liée, expliquent parfois, plus encore que la complexité ou le nombre des décisions à prendre, la concentration sur une même personne de challenges professionnels très lourds.

Réduire le temps de travail des acteurs de la chaîne managériale, en particulier celui des cadres supérieurs et dirigeants, en le répartissant sur plusieurs têtes, c'est rendre le pouvoir plus accessible à ceux qui ne peuvent assumer une réduction du domaine de la vie privée : cela concerne aujourd'hui la plupart des couples bi-actifs. L'exemplarité des dirigeants pourrait d'ailleurs contribuer à cette bonne pratique : Carlos Tavares, président de Stellantis, indiquait aux *Échos* en 2019 : « Ma règle, que j'essaie d'appliquer tous les jours, c'est 8 heures – 18 heures à pleine intensité au bureau. Parce qu'à 19 heures, je dîne avec mon épouse à la maison. » Il y a un chemin possible, même pour de très hauts dirigeants.

Des dirigeants en double commande

La charge de travail aujourd'hui habituelle chez les dirigeants membres de comités de direction ou de comités exécutifs, y compris les présidents et directeurs généraux, pourrait en particulier être systématiquement divisée entre deux personnes de même niveau hiérarchique : cela maximiserait l'intelligence émotionnelle dans la prise de décision[3], et en minimiserait la part subjective, le plus souvent inconsciente[4]. Exercées en double commande, ces fonctions seraient idéalement confiées à un duo composé d'un homme et d'une femme, augmentant encore le potentiel d'interactions et la qualité statistique de la prise de décision. Cette mixité systématique constituerait par ailleurs une alternative intéressante aux quotas discriminatoires, injustes par nature.

L'idée de dirigeants en double commande n'est pas aussi loufoque qu'elle peut le sembler au premier abord. La double commande décisionnelle va certes à l'encontre d'un préjugé commun selon lequel les décisions essentielles devraient, par définition, être prise *in fine* par une seule personne : cette idée provient d'une vision très hiérarchique, assez militaire, et disons-le, plutôt masculine du pouvoir, qui n'a pas de véritable réalité scientifique dans le monde du travail. Au contraire, et sans tomber dans les inconvénients de la *pensée de groupe*[5] où la recherche de consensus peut aboutir à de mauvais choix, la prise de décision à deux maximiserait les avantages du groupe tout en en minimisant les inconvénients. Certes, des conflits peuvent survenir entre des dirigeants au même niveau de décision. Si ces conflits étaient systématiquement résolus par la révocation conjointe des deux dirigeants, il y a fort à parier que cela les motiverait à trouver ensemble des consensus intelligents. Des systèmes relativement simples

3. Robin MARKWICA, *Emotional Choices*, Oxford University Press, 2018.
4. Cf. La *Prospect theory* (théorie des perspectives), développée par Daniel Kahneman et Amos Tversky, 1979. Prix Nobel d'économie décerné en 2002.
5. Irving JANIS, *Victims of Groupthink : A Psychological Study of Foreign-Policy Decisions and Fiascoes*, Houghton Mifflin, 1972.

d'exception ou de droit de veto pourraient, comme dans d'autres instances décisionnelles, éviter des blocages ou à l'inverse permettre d'en créer sur des points essentiels. La double commande éviterait toute vacance du pouvoir en assurant la remplaçabilité ponctuelle de l'un des dirigeants par l'autre. Enfin un meilleur contrôle des décisions, à deux, s'inscrirait en cohérence avec les principales règles internationales de gouvernance.

À masse salariale égale, ce système novateur permettrait de promouvoir de nombreux talents féminins, mettant un terme à leur sous-utilisation, coûteuse socialement et injuste individuellement. L'État pourrait d'ailleurs montrer l'exemple en nommant des duos composés d'un homme et d'une femme à toutes les fonctions ministérielles – on sait qu'elles laissent peu de place à la vie privée – et faire de même pour la fonction présidentielle, qui gagnerait ainsi à être moins *jupitérienne*. Ce serait, trois siècles après la cour de Louis XIV, la réinvention française, certes sur une base différente, mais une fois encore unique au monde, d'une mixité originale au cœur même du pouvoir.

Diminuer la rémunération des cadres supérieurs et dirigeants

Sacha Guitry aimait à dire qu'il n'était pas à vendre, à moins d'y mettre le prix : c'est la situation de nombreux cadres supérieurs et dirigeants, dont la disponibilité exceptionnelle est de fait *achetée*, certes à bon prix. Pour limiter les effets de cette vente, qui génère plancher et plafond de verre, une solution pourrait être de limiter les hautes rémunérations. Leur encadrement légal, maintes fois proposé mais jamais réalisé, les rendrait moins séduisantes, ce qui pourrait conduire à renégocier à la baisse les charges de travail qu'elles impliquent. Redevenant acceptables, celles-ci pourraient être assumées sans sacrifier ses responsabilités privées.

Cette solution ne peut toutefois ignorer les surinvestissements émotionnels dans le travail, indépendants de toute rémunération : il n'est donc pas certain qu'elle donne les résultats escomptés.

Aligner le temps de travail sur celui des mères de famille

La différence moyenne d'une heure par jour, à responsabilités égales, entre le temps professionnel des pères et des mères n'est pas anecdotique. En toute logique, de manière certes un peu provocatrice à une époque où l'on ne cesse de rappeler l'écart de revenus en défaveur des femmes, les pères seraient fondés à demander un salaire supérieur aux mères pour tenir compte de cette différence statistique : sinon pourquoi travailler une heure de plus par jour ? Cette heure supplémentaire quotidienne n'est pourtant rendue possible que parce que, en moyenne, les mères passent, elles, une heure de plus par jour dans la sphère familiale.

Cette heure, cette *malheureuse heure quotidienne*, est, dans les faits, créatrice d'importantes disparités de réussite professionnelle : elle participe directement aux plafonds et planchers de verre, et génère des tensions dans les couples où les conjoints ont le même niveau d'ambition professionnelle. Pour l'éviter, il pourrait être officiellement signifié aux collaborateurs cadres, et notamment aux hommes, qu'à partir d'un horaire correspondant habituellement à celui des mères de famille cadres, ils pourraient se sentir libérés professionnellement : leur temps de travail supplémentaire ne serait officiellement jamais pris en compte dans l'évaluation de leur performance individuelle ou de leur rémunération.

Cette approche, qui fait du temps des mères de famille la norme sociale du travail des cadres, a été déjà été, au moins une fois, appliquée avec succès : j'en ai été personnellement témoin. Elle n'a toutefois malheureusement pas survécu à la dirigeante qui l'avait initiée.

5

Franchir le mur du temps

Accepter de baisser le temps de travail

Des horaires de travail calés sur le temps des mères de famille représentent une approche d'égalisation *par le bas*, c'est-à-dire qu'elle implique une baisse du temps moyen de travail des hommes. Elle est à l'opposé des démarches le plus souvent suivies dans les politiques d'égalité professionnelle, qui visent au contraire à augmenter la disponibilité professionnelle des femmes.

Un exemple personnel me revient, celui du *partner sponsor « égalité femmes-hommes »* au sein d'un grand groupe international de conseil officiellement très engagé sur l'inclusion. Lors d'une discussion, il m'avait soudain arrêté : « Antoine, on est bien d'accord ? L'enjeu, c'est bien de faire monter les femmes au niveau des hommes, pas que les hommes descendent à celui des femmes ? » D'homme à homme, un langage d'égalité *cartes sur table*… Dans cette entreprise où le temps de travail des collaborateurs dépassait systématiquement les 60 heures hebdomadaires, cela donne une idée, au-delà des fiers discours publics, de l'accès réel aux responsabilités des mères de famille : de fait, elles n'y étaient presque pas représentées, leur absence dans les statistiques internes étant masquée par de nombreuses jeunes et moins jeunes femmes, sans charge de famille.

La réalité incontournable de l'égalité, c'est que seule la liberté donnée aux pères de travailler moins donne aux mères celle de travailler plus, conduisant à un rééquilibrage des temps disponibles entre conjoints.

Le Big Bang : 35 heures pour vraiment tous

Dans une approche autoritaire et légale, le temps de travail de tous les collaborateurs pourrait être limité à 35 heures hebdomadaires, cadres, managers, cadres supérieurs et dirigeants inclus. La suppression pure et simple du forfait jours, et plus encore celle du statut dérogatoire de cadre dirigeant, contribueraient à diminuer le temps de travail quotidien des cadres français. 7 heures quotidiennes permettent qu'une activité familiale classique n'entre pas en conflit avec le temps professionnel. De nombreux pays, où le temps de travail des cadres est plus limité qu'en France, n'ont pas de moins bonnes performances économiques, tant s'en faut. C'est le cas en Allemagne, nous l'avons vu, pays dont les résultats économiques ne sont pas – habituellement – les pires en Europe. Il faut néanmoins étudier plus largement à quelles conditions la compétitivité de ces pays est obtenue. Le nombre de semaines de vacances, par exemple, y est souvent moindre et l'âge limite du départ en retraite sensiblement plus haut.

Alors que la France ne semble toujours pas avoir intégralement digéré les 35 heures, pourtant mises en place en 2002, les imposer à tous pourrait sembler à la fois dirigiste, coûteux économiquement et finalement irréaliste. Cela reste néanmoins une affaire de vision sociale et de choix politiques.

L'objectif initial des 35 heures mises en place par Martine Aubry et Lionel Jospin était celle de la création d'emplois par la division du travail existant. Si la protection des couples, première cellule de solidarité sociale, était désormais perçue comme un enjeu social de première importance, la question pourrait se poser différemment. Serait-il plus favorable aux couples de bénéficier de nombreuses semaines de vacances, en contrepartie de lourdes journées de travail, ce qui est le cas aujourd'hui, ou l'inverse ? La gestion des enfants pendant les vacances scolaires, quand les parents travaillent tous les deux, est-elle aisée ou source de difficultés pour les couples ? La civilisation des loisirs est-elle un produit consumériste et individualiste ou reste-t-elle aujourd'hui un progrès social ? Quel est le temps de repos dont ont besoin les enfants, indépendamment de celui de leurs parents ? Et quel est celui dont ont besoin les parents indépendamment de celui de leurs enfants ? Faut-il aller vers une semaine de quatre jours très denses, aujourd'hui testée dans plusieurs pays et dans différentes entreprises, ou au contraire privilégier une semaine de cinq jours, plus légère en temps de travail quotidien ? Est-il possible d'aller encore plus loin, en prévoyant pour certains collaborateurs des semaines de cinq jours et demi, avec six heures de travail quotidien, plus quatre le samedi matin ? Peut-on laisser le choix entre longues journées de travail et longues vacances, ou courtes journées de travail et courtes vacances ? À l'heure de l'économie digitale, les collaborateurs doivent-ils tous passer sous la même toise de temps ? Des journées de 6 heures pour certains et de 12 heures pour d'autres, assorties de temps obligatoires en commun ? Des formules à la carte sont-elles possibles pour les couples divorcés en garde alternée, où les conjoints ont une plus grande liberté de travail une semaine sur deux, mais doivent être disponibles familialement l'autre semaine ? Des semaines habituelles de 30 heures, compensées par un départ en retraite à 70 ans ? Plusieurs pays européens ont bien déjà une retraite à 68 ans. Et pourquoi pas un système « à la carte », tenant souplement compte de choix individuels de carrières ?

Beaucoup de directions n'ont pas encore été explorées : elles le pourraient, elles le devraient, sans pour autant attaquer la compétitivité économique.

Le 4/5e sans perte de salaire

Les temps partiels aux 4/5e sont le plus souvent demandés, notamment quand ils le sont par les mères – ce qui est le cas dans 80 % des cas – pour prendre en charge le soin des enfants. Concentrés sur le mercredi, ils se révèlent souvent pour elles un piège professionnel : ils les marginalisent par rapport à leurs collègues travaillant à temps plein et leur ferment l'accès aux postes à responsabilités. Beaucoup est fait, notamment dans les entreprises, pour avertir les mères de ce piège, et les inciter à conserver un emploi à temps plein. Mais c'est prendre le problème à l'envers : le piège n'en est un que parce que l'accès aux responsabilités n'a pas été pensé par rapport à la normalité d'un 4/5e familial.

C'est le regard sur les responsabilités qu'il faut changer et non les parents ou les enfants. Nous avons déjà vu précédemment qu'aucune étude n'a jamais prouvé qu'il y ait incompatibilité entre des responsabilités professionnelles, même de haut niveau, et un temps partiel aux 4/5e. C'est pourtant une perception très répandue, comme l'était avant 2020 celle de l'impossibilité pour des managers de travailler à distance. Sauf exception, travailler aux 4/5e n'allège pas la charge mentale professionnelle de ceux qui assument des responsabilités. L'expérience prouve que les mères de famille cadre parviennent souvent à assumer la même charge de travail qu'à temps plein, au prix d'une organisation certes tendue et sans marge de souplesse, mais qui fonctionne globalement. Cela ne les empêche pourtant pas de supporter une double pénalisation professionnelle : leur absence physique une journée par semaine conduit à les considérer comme moins aptes à assumer des responsabilités et la réduction de 20 % de leur salaire n'est pas la conséquence d'une charge de travail réduite d'autant. Ajoutée à la perte des RTT et à un calcul réduit des droits de retraite, elle entre dans les inégalités de revenus entre hommes et femmes.

Il serait socialement logique que le 4/5e familial, qui correspond à un travail social à domicile – nous y reviendrons – soit systématiquement compensé par les employeurs ou par l'État pour n'occasionner ni perte de revenu ni sous-retraite. Le 4/5e payé 5/5e n'est pas une lubie dépensière : il correspond à l'importance sociale qu'on veut ou non accorder aux couples et aux parents, et à une justice vis-à-vis des femmes cadres dont la charge de travail sur quatre jours est souvent identique à celle d'un temps plein.

En Allemagne, Manuela Schwesig, ministère de la Famille en 2013, a proposé que le temps de travail des parents de jeunes enfants soit réduit à 32 heures par semaine, payées 40 heures, afin de mieux concilier vie professionnelle et vie familiale. Cette mesure a été refusée par le patronat allemand car, ne pouvant être limitée aux mères, elle aurait dû pouvoir aussi concerner les pères… ce qui a semblé impossible à envisager. Là-bas comme ici, l'égalité bute d'abord sur l'idée d'alléger le travail des hommes.

Travailler à distance : c'était impossible, mais ils l'ont fait

Tous les métiers, toutes les organisations de travail ne se prêtent évidemment pas à un *venez comme vous êtes* au travail. Des contraintes collectives sont inhérentes aux activités quelles qu'elles soient, notamment de production. Mais la marge d'innovation, d'intelligence et de souplesse est encore importante, et le deviendra encore plus avec les progrès de l'économie numérique.

Avant 2020, l'idée que des cadres et managers puissent travailler à distance, même un seul jour par semaine, était massivement rejetée par les directions. La Covid-19, en obligeant tout le monde à expérimenter de nouveaux modes de travail, a depuis prouvé qu'il n'y avait pas là d'impossibilité. Auparavant, les mères de famille avaient pourtant souvent demandé que cette alternative leur soit ouverte, et avaient plébiscité les rares accords d'entreprises sur le télétravail. Les hommes, eux, étaient habituellement plus réservés à ce sujet, craignant que leur absence physique ne nuise à leurs relations professionnelles. Le confinement, et surtout ses suites, a montré que, même sur la base de plusieurs jours de télétravail par semaine, non seulement l'activité pouvait se poursuivre, mais même se développer. Le travail à distance n'est pas une panacée, la création d'un collectif de travail impliquant toujours une certaine quantité de temps passé ensemble ; par ailleurs, télétravailler peut poser de vraies difficultés selon la taille d'un logement et qui l'occupe habituellement durant la journée. Même s'il ne fait pas l'unanimité, tant auprès des dirigeants que des collaborateurs, même si, en particulier, certaines mères de famille en sont revenues, confrontées à une double charge familiale et professionnelle au sein du même lieu de vie, nombreux sont ceux dont il a beaucoup simplifié la vie.

Se rappeler combien il avait été jugé impossible d'y recourir, il y a si peu de temps, laisse à penser que de nombreuses pistes d'innovation, qui apparaissent aujourd'hui encore impensables, restent ouvertes. Si la prudence est requise et les doutes compréhensibles, s'agissant de pratiques qui, en modifiant un système établi, risquent d'en altérer le fonctionnement, rien ne doit empêcher d'innover dans l'organisation du travail, quitte à revenir parfois partiellement sur ses pas.

6

Face à la nouvelle génération, les dirigeants en première ligne

La jeune génération, à la pointe du changement culturel

Aujourd'hui, nous l'avons vu, l'organisation du travail pénalise professionnellement les mères, et, en parallèle, étouffe le désir des pères en faveur d'une répartition plus équilibrée entre vie professionnelle et vie privée. Cette organisation est aujourd'hui de plus en plus en rupture avec les souhaits de la nouvelle génération, beaucoup plus sensible que la précédente au respect des temps essentiels de la vie privée.

Face à un monde du travail que nombre d'entre eux jugent envahissant, la préservation des temps personnels, sociaux ou familiaux, est devenue un objectif essentiel pour les trentenaires d'aujourd'hui. Souvent engagés dans des couples où ils partagent les mêmes ambitions personnelles et professionnelles, les conjoints constituent une double force de réflexion, et parfois de refus : les démissions sont aujourd'hui plus nombreuses et rapides qu'elles ne l'étaient par le passé ; les choix de vie en rupture se multiplient, y compris par des individus issus des formations les plus prestigieuses. Leurs contemporains les considèrent souvent comme autant de rôles modèles. Il existe désormais une puissante pression, encore mal définie et difficile à saisir dans son extrême diversité, pour que le fleuve du travail, qui a inondé jusqu'ici les terres de la vie privée, retourne enfin dans son lit.

Dans la nouvelle génération des jeunes collaborateurs, et plus encore peut-être dans celle qui termine en ce moment ses études[1], la mobilisation des hommes aux côtés des femmes peut renverser la table de ce qui a été accepté par la génération précédente. Aucune organisation ne peut aujourd'hui se permettre de négliger les attentes de la génération montante, sauf à décider de perdre la guerre des talents.

C'est le moment, pour les dirigeants, de prendre à bras-le-corps la question des égales opportunités professionnelles et du respect des temps clefs de la vie privée pour les hommes comme pour les femmes. Leurs jeunes collaborateurs sont souvent conjoints au sein de couples bi-actifs : ils se trouveront bientôt face à des choix qu'ils refusent entre ambition professionnelle et épanouissement personnel, conjugal et familial. Beaucoup de ces couples vont tanguer et certains finiront par se séparer, faute de réussir à ce que leurs carrières s'harmonisent, et que leurs disponibilités professionnelles n'entrent pas en rivalité.

1. Cf. « Les déserteurs », élèves de l'AgroParisTech, discours de remise des diplômes.

Les couples bi-actifs de même niveau professionnel sont aujourd'hui rares. Plus le niveau de responsabilité est haut et plus ces couples sont rares. Si les dirigeants n'ont rien d'autre à proposer à leurs jeunes collaborateurs que l'organisation du travail telle qu'elle existe aujourd'hui, structurellement inégalitaire pour les pères et les mères, ils ne réussiront pas à retenir les hommes et les femmes de cette génération.

Si le travail n'est pas changé en profondeur, si les pratiques déclusives ne sont pas neutralisées, si l'égalité n'est pas prise au sérieux, celle-ci sera imposée par des quotas discriminatoires, solution à laquelle aucun dirigeant ne peut durablement se résoudre.

Le discours sur l'égalité est aujourd'hui ambivalent. Le sujet est volontiers mis en avant, mais correspond parfois davantage à une éthique qu'à une véritable volonté de « vraiment changer le travail ». Par ailleurs, souvent reçu comme une idéologie opposant hommes et femmes, il exaspère et provoque le rejet. Pourtant, s'il était construit autour de l'enjeu du sens au travail pour la nouvelle génération, il deviendrait alors un puissant levier pour comprendre, imaginer et mettre en œuvre un environnement inclusif pour les pères et les mères d'aujourd'hui.

« Si je l'ai fait, ils peuvent en faire autant » : les dirigeants contre-rôles modèles

Transformer le travail requiert volontarisme et pédagogie. Il n'y a là rien d'impossible, ni même de particulièrement difficile, à quelques situations près. Cela implique néanmoins un effort durable de toute la chaîne managériale, et surtout l'exemplarité des dirigeants. C'est peut-être là que la barrière à franchir est la plus haute. La prise de conscience est souvent complexe pour ceux, hommes ou femmes, qui ont réussi à atteindre les plus hauts niveaux de pouvoir. S'ils y sont arrivés, c'est souvent parce qu'ils ont échappé aux contraintes professionnelles d'une parentalité engagée, soit qu'elles ne les concernaient pas, soit qu'ils ont pu sans trop de difficulté ne pas s'y soumettre. Reste que dans leur immense majorité, ils ont accepté de concentrer un maximum de leur temps disponible au sein de la sphère professionnelle, quitte parfois à y sacrifier des enjeux importants de leur vie privée.

« Si je l'ai fait, ils peuvent bien en faire autant », disent certains dirigeants, hommes ou femmes. On peut comprendre de leur part une certaine exaspération face à ce qu'ils tiennent parfois, de la part de la nouvelle génération, pour la demande d'une réussite sans effort ou sacrifice. Ce n'est certes pas facile d'entendre que celle-ci ne compte pas procéder de la même manière, tout en parvenant aux mêmes résultats. Les hautes carrières professionnelles ne sont jamais de longs fleuves tranquilles, les dirigeants le savent mieux que quiconque. Ce sont pourtant précisément ces sacrifices, souvent importants, qui peuvent transformer ces dirigeants, à l'inverse de l'opinion qu'ils ont d'eux-mêmes, en *contre-rôles modèles*: même si ces jugements peuvent être reçus comme blessants, normatifs, moralistes, sexistes, au minimum discutables ou même complètement faux, une réussite professionnelle dont on pourrait penser qu'elle serait passée par une rupture ou un renoncement personnel, familial ou social majeur, constitue le plus souvent un contre-modèle de réussite, en particulier pour les femmes et les jeunes générations. J'ai pu personnellement le constater, lors de groupes d'expression de femmes cadres ou managers, ou de jeunes diplômés : la fierté des dirigeants qui leur étaient présentés comme rôles modèles contrastait brutalement avec le sentiment personnel des participants sur ce qui constitue la réussite ou non d'une vie humaine.

Il n'y a pas de fatalité à la soumission de sa vie privée à ses objectifs professionnels, et encore moins à la soumission de la vie professionnelle de son conjoint à ses ambitions à soi. « Nous avons fait ce choix ensemble », disent presque toujours ceux qui ont bénéficié d'un conjoint, souvent d'une conjointe, qui a fait le sacrifice de sa propre ambition professionnelle. C'est sans aucun doute vrai dans certains cas, mais cela semble plus souvent présenter *a posteriori* comme choisies des situations où l'un des conjoints a été placé devant le fait accompli. Le confort matériel du couple arrondit parfois, mais pas toujours, les angles des choix contraints.

Troisième partie

Le travail total du couple : un enjeu politique

Le leggi son, ma chi pon mano ad esse[1] ?

Dante Alighieri, *La Divine Comédie, Le Purgatoire*, chant XVI, vers 97.

1. « Les lois sont là, mais qui les met en œuvre ? »

1

Du travail rémunéré au travail total

Tout est travail

Dans un couple, *tout est travail*. Et pas seulement ce qui correspond à des activités rémunérées, comme on l'entend en général aujourd'hui. Pour penser le travail du couple, nous devons d'abord nous extraire de nos réflexes culturels : ce n'est pas tant le travail rémunéré de chaque conjoint qu'il faut aujourd'hui redéfinir que celui du couple, ce *travail total* qui intègre toutes les dimensions professionnelles, familiales ou sociales, rémunérées ou non, de l'activité d'un couple.

Le travail social du couple regroupe l'ensemble des engagements que chaque conjoint assume bénévolement. Participation à une association de parents d'élèves, à une équipe électorale ou à un conseil municipal, responsabilités au sein d'un club sportif ou d'une association musicale, action associative contre la pauvreté ou l'isolement, en faveur des personnes âgées, service au sein d'une communauté religieuse... C'est ce travail gratuit qui permet au couple d'être relié à la société par toute une diversité de liens.

Le travail familial et domestique, lui, est le trait d'union concret des couples sans lequel un couple n'existe que virtuellement. Décorer un logement, prendre en charge son entretien, les aménagements et réparations, réaliser les démarches administratives, faire les courses et préparer les repas, assurer la propreté et le service du linge, s'occuper d'un jardin, recevoir des amis ou des membres de sa famille, faire que des enfants se sentent bien et que les ados soient écoutés, assumer les conduites aux activités extra-scolaires, rencontrer les professeurs, organiser des fêtes ou anniversaires, visiter les grands-parents...

Cette infinité d'actions, dont une part est certes astreignante et répétitive, est le réel de la vie d'un couple : c'est là où la solidarité des conjoints s'exprime le plus quotidiennement, condition pratique de tout projet durable.

Ce qui est gratuit a de la valeur

Pour tenter de conférer au travail familial et domestique une équivalence de respect avec le travail rémunéré hors domicile, certains pays, partis politiques ou associations ont souhaité qu'il puisse lui aussi être rémunéré. En raison de différents effets pervers, ces approches ont presque partout été abandonnées : elles ont, notamment en France – mais pas seulement – été accusées de pousser les femmes à devenir ou redevenir mères au foyer, s'opposant à l'expression de leurs talents professionnels et les démonétisant sur le marché de l'emploi. Simone de Beauvoir estimait par exemple, dans une formulation assez totalitaire, qu'« aucune femme ne devrait être autorisée à rester à la maison pour élever ses enfants. Les femmes ne devraient pas avoir ce choix, précisément parce que s'il y a un tel choix, trop de femmes le choisiront ». De fait, en Allemagne, en 2012, la Betreuungsgeld, qualifiée familièrement de « prime aux fourneaux », a été accusée par le patronat allemand de décourager les femmes cherchant à concilier maternité et activité professionnelle.

Mais le principal effet pervers de la rémunération du travail domestique et familial est peut-être de vouloir mesurer selon une valeur de marché – un salaire – un échange entre conjoints fondé sur le don, ce qui revient à nier le principe, l'essence même, du donné ou du gratuit dans une relation de couple. Il est vrai que la gratuité, avec l'invisibilité qui l'accompagne, est devenue aujourd'hui plus difficile à interpréter dans une société qui tend à faire de la valeur marchande l'unique unité de valeur sociale.

Ce qui est gratuit a pourtant de la valeur, c'est même probablement ce qui a le plus de valeur, contrairement à l'adage bien connu. Comme tout don, mais aussi comme tout travail rémunéré, le travail domestique et familial intègre une part sacrificielle. Comme tout travail, il alterne moments de plaisir et d'ennui, nouveauté et habitude, rencontre et solitude, épanouissement et lassitude. Tout travail rémunéré n'est pas, par principe, un domaine dont le sens est évident, tant s'en faut. Tout travail domestique et familial n'est pas non plus, par principe, un travail dont le sens est absent, tant s'en faut aussi. C'est la manière dont, dans chaque couple, ces travaux servent le projet du couple et sont reconnus comme tels par chaque conjoint, qui leur donne un sens, ou non. Même si dons et contre-dons ne sont pas octroyés par chaque conjoint en volume équivalent, ou au même moment, même si chaque don s'inscrit dans un rapport complexe entre nécessité, volonté de faire plaisir, autosatisfaction, valorisation personnelle ou sociale et assignation culturelle, même si l'appréciation des tâches domestiques et familiales peut varier selon les couples et d'un individu à un autre, il n'y a pas de couple sans dons réciproques, par définition gratuits.

Pour qu'il soit total, le travail du couple doit réintégrer à sa juste place et respect la valeur de ces dons.

Dans le travail total, tout travail jouit du même respect

Le travail total, c'est la reconnaissance à égalité de valeur dans le *projet du couple*, du travail rémunéré hors foyer avec les autres dimensions du travail. C'est ensuite sa répartition entre les conjoints, en toute conscience des enjeux pour chacun sur le temps long : ce que chacun assume demande, ce qui n'est pas le plus facile, à être régulièrement réévalué à chaque étape importante de la vie d'un couple. Il n'y a pas de répartition qui soit *a priori* juste ou injuste, tout dépend de chaque couple, de chaque travail, de chaque période de la vie, ainsi que des potentialités et goûts de chaque conjoint.

L'égalité de prise en charge des responsabilités domestiques et familiales n'est qu'un modèle parmi d'autres : c'est simplement celui qui égalise le mieux entre conjoints des potentialités professionnelles à un moment donné. Toutefois, en rupture avec un modèle fondé sur *l'identique*, des conjoints peuvent parfaitement assumer, dans un vrai respect réciproque, la différence de leurs potentiels professionnels et de leurs aspirations personnelles. La répartition entre eux des responsabilités peut varier selon le type de profession exercée, le niveau de rémunération, le lieu de travail, les mobilités à prévoir, la préservation de l'employabilité, les engagements sociaux, l'âge ou tout simplement les goûts. Il importe simplement, pour l'épanouissement de chacun, que cette répartition ne soit pas faite suivant un modèle sexué rigide, comme elle a pu l'être par le passé. Chaque conjoint peut décider de se mettre si nécessaire au service de l'autre : selon le regard qu'on leur porte, un travail rémunéré, le travail domestique et familial ou le travail social peuvent être tenus pour « se mettre au service de l'autre conjoint ». Tout l'équilibre du couple repose sur la perception réciproque d'une équivalence qui ne place jamais l'un des conjoints en position d'infériorité. Seule l'égalité de valeur entre les différentes dimensions du travail autorise une vraie fluidité des responsabilités entre conjoints.

C'est donc d'abord dans les têtes que le changement doit se faire, en comprenant mieux que le travail du couple est un tout dans lequel tous les travaux nécessaires à la vie d'un couple prennent une place légitime et une valeur identique. Pour assimiler l'idée de ce travail total, nous devons d'abord produire l'effort mental, culturel et linguistique, d'appeler authentiquement *travail* la prise en charge des responsabilités familiales et domestiques et l'action sociale bénévole. Elles font intrinsèquement partie du travail du couple et chacun gagne à s'y investir avec sérieux et exigence, comme dans tout travail.

Dans un couple, aucun travail n'a le pas sur l'autre, il n'y a pas de hiérarchie de valeur. L'égale dignité des conjoints dans le travail, l'égale dignité du travail rémunéré et du travail donné, l'exigence d'assumer ses engagements professionnels sans peser sur ceux du conjoint, constituent un équilibre heureux, certes toujours instable.

2

Le travail total du couple, ciment de la société

Les couples, des communautés solidaires par leur travail total

Fondé sur deux personnes, un couple a quelque chose de supérieur à tout autre collectif de solidarité : il est construit par la libre volonté de deux individus, la solidarité y est réciproque, il est le lieu de la mise en commun de ressources et de dons réciproques, et il permet de répartir entre les conjoints la charge des enfants. Il constitue la première cellule de solidarité sociale dont la reproduction conduit à l'humanité tout entière. Pierre-Yves Gomez, dans *Intelligence du travail*, écrit que « par ses travaux menus, innombrables, invisibles, indispensables, un couple, une famille forment la communauté élémentaire de la société et chacune est singulière. Le vivre ensemble commence à cette échelle, au niveau de ce travail-là ».

La solidarité d'un couple est faite pour durer et offrir ce faisant un cadre de sécurité affective, émotionnelle et économique aux conjoints comme à leurs potentiels enfants. C'est pour cette raison que la société donne force légale et administrative aux liens du mariage, du Pacs ou même à ceux, pourtant bien légers, du concubinage. Les relations entre conjoints peuvent être rompues, le divorce a été inventé et inscrit dans la loi pour cela, mais en imposant que la rupture soit encadrée par les institutions administratives et judiciaires, la société dit l'importance qu'elle accorde aux liens, même révolus, noués par les couples. Elle organise notamment, après séparation, la répartition de la contribution à l'éducation et à l'entretien des enfants, le devoir de secours entre ex-époux et la prestation compensatoire des sacrifices de l'un au profit de la carrière de l'autre : la procédure de divorce encadre la rupture de la solidarité. Parce que chaque conjoint a besoin de l'autre, et qu'il en est d'une manière ou d'une autre le complément, le couple crée un équilibre quotidien de solidarités qu'aucune autre structure sociale ne peut offrir. Un couple est en soi, tant que l'entente y règne, une microsociété autosuffisante.

La célébration des naissances, noces ou enterrements constitue, partout et depuis la nuit des temps, les temps forts relationnels qui le relient à l'ensemble de la société, à côté de beaucoup d'autres. Dans les pays où la monogamie prévaut, c'est à partir du couple qu'ont été pensées et fondées les civilisations et les cultures ; à partir de lui aussi que les communautés, par cercles concentriques, ont appris à organiser leurs liens. Dans le couple, confiance, reconnaissance, entraide et sécurité permettent de mieux assumer les difficultés de la vie économique et sociale, ainsi que celles d'être parents. Le couple est productif de joies et de bonheurs sans équivalent, que seuls l'amour et la sexualité peuvent offrir. Il est aussi le cas échéant confronté à des dysfonctionnements qui peuvent aller jusqu'à se transformer en violences psychologiques ou physiques, contre soi-même ou son conjoint. Beaucoup plus communément heureusement, il est le cadre de l'affection et de la douceur réciproque, de l'échange et de l'attention, et du désir partagé.

Espace protégé dans un monde brutal, il est le lieu où se retrouver, se reposer et ressourcer sa combativité, à deux.

Se préoccuper politiquement du couple

Parce qu'il est le premier lieu d'accompagnement de toutes les faiblesses humaines, psychologiques et physiques, parce qu'il minimise la détresse économique et sociale, parce que c'est dans son cadre que sont majoritairement éduqués les enfants, parce qu'enfin il apporte habituellement l'amour dont chacun a par-dessus tout besoin, le couple demande à être placé tout en haut de la hiérarchie des enjeux sociaux. Il doit être éminemment reconnu pour sa précieuse et prioritaire contribution au bien-être collectif. Il justifie donc une action politique et sociale déterminée, qui, tout en respectant strictement la liberté de chacun, veille à ce que les conditions de la vie économique et sociale ne le fragilisent pas.

Les motifs personnels de rupture restent de la responsabilité exclusive des conjoints mais, pour une nation, tout couple qui se sépare est une perte de valeur sociale.

La dissolution des unions, par la baisse des revenus et l'augmentation des dépenses qu'elle entraîne, notamment en termes de logement, comme la précarisation qui survient parfois, génère des coûts sociaux considérables : ils entrent dans les 470 milliards d'euros dépensés en France en 2021 au titre des prestations sociales.

Ce n'est donc pas quand les couples sont déjà fragilisés, et entament une procédure de séparation, qu'il faut commencer à s'intéresser à eux : c'est bien avant, en questionnant le contexte et les processus pouvant avoir contribué à leur séparation. Tous les motifs les plus classiques de rupture, y compris l'infidélité, peuvent être questionnés au regard des conditions économiques et sociales qui peuvent les avoir favorisés.

Quand un accident d'avion se produit, même quand il s'agit d'un petit avion de tourisme, une commission d'enquête est toujours constituée qui livrera, parfois des années plus tard, ses conclusions sur les correctifs à mettre en place. Quand un salarié donne sa démission, une bonne pratique habituelle demande que ses responsables hiérarchiques aient avec lui un dialogue franc sur les motivations de son départ. Certaines peuvent être très personnelles, et n'amener aucune réflexion particulière ; d'autres en revanche peuvent mettre en cause des motifs plus systémiques, tels que l'organisation ou le management, le niveau des salaires, l'autonomie dans le travail, le sens des missions confiées ou la nature des moyens alloués. Pour éviter d'autres démissions, ces points sont alors, quand cela est estimé possible, revus. Si on y réfléchit bien, une démission ou un accident d'avion, grand ou petit, ne sont pas socialement et économiquement plus coûteux ou destructeurs de valeur qu'une ou des dizaines de milliers de séparations de couples.

Pourtant les moyens mis en œuvre pour étudier sérieusement ce qui peut avoir socialement ou économiquement conduit à ces séparations sont inexistants. Il n'y a pas de BES (Bureau d'enquêtes séparations) sur le modèle du BEA (Bureau d'enquêtes et d'analyse pour la sécurité de l'aviation civile). De là, aucun correctif social n'est proposé.

Les séparations mériteraient cependant, pour le moins, de bénéficier d'une attention qui dépasse leur simple enregistrement administratif, juridique et fiscal, ou leur classification dans les statistiques nationales en fonction des motifs les plus courants. C'est pourtant la situation dans laquelle nous nous trouvons actuellement.

3

Un défi politique : remettre le couple au milieu du village

Le couple, dernière cellule de résistance à l'individualisme

Dans la modernité centrée sur l'individu, l'extension du domaine de la liberté propose à chacun, avec insistance et séduction, de s'émanciper de ses communautés d'appartenance : famille au sens large, mais aussi village ou quartier, ville, région, classe sociale, religion ou nation, et plus largement de toute forme de solidarité collective échappant au marché. Une multitude de nouveaux services, facilitant à la fois le travail et la consommation, viennent sans cesse donner davantage d'autonomie à des individus enivrés par la promesse de pouvoir vivre sans dépendre des autres.

Plus ils travaillent, plus ces services se développent ; plus ils consomment, plus la croissance est au rendez-vous et plus ils se libèrent de leurs attaches collectives : cela signifie plus d'habitats individuels, de voitures, de piscines privées, de Netflix, de livraisons à domicile, de week-ends ou de voyages, et moins de petits commerces, de services entre voisins, de cinémas, de partis politiques ou d'associations, de piscines publiques et de vacances dans la famille.

Dans ce règne du marché et de l'individu, le couple est aujourd'hui la dernière cellule de résistance. C'est le seul niveau social – avec la filiation – où la solidarité soit juridiquement encore imposée, dans le cadre du mariage ou du Pacs. Plus petit des collectifs solidaires, il représente encore une aspiration forte des individus. Michel Houellebecq dans *Les Particules élémentaires*, en parlait déjà au passé : « Comme l'indique le beau mot de "ménage", le couple et la famille représentaient le dernier îlot de communisme au sein de la société libérale[1]. » Il est vrai que, alors que d'emblématiques cadres de solidarité collective se sont effondrés depuis les années 1980, le couple est désormais soumis à de puissantes forces centrifuges. Le mot même de « moitié », qui pouvait désigner familièrement son conjoint, récusait par définition l'autosuffisance des individus au sein du couple : il est aujourd'hui devenu désuet, tant la notion de dépendance réciproque, contenue dans ce mot, est désormais obsolète. On lui préfère aujourd'hui celui de *partenaire*, comme si les membres d'un couple étaient autonomes, librement unis par un contrat régissant ce qui est mis en commun, et non unis *pour le meilleur*

1. Michel Houellebecq, *Les particules élémentaires*, Flammarion, 1998.

et pour le pire dans une vie commune à construire *l'un grâce à l'autre.*

Les actifs et les passifs de la modernité

Les couples ont d'abord, historiquement, été cimentés pendant de nombreux siècles par les nécessités de la survie, les rôles respectifs des conjoints étant alors principalement établis en fonction des conditions de vie matérielles ; ils ont ensuite été, de manière croissante, dé-cimentés par le travail individualisé des hommes et des femmes. Au bilan de cette période, côté actifs de la modernité, on trouve l'émancipation des femmes, la possibilité pour chaque conjoint de participer par ses talents à la transformation du monde et un progrès matériel inimaginable il y a un siècle. Côté passif, une situation écologique tellement dégradée qu'elle pourrait déjà être parvenue à un point de non-retour, un sens du travail faible ou inexistant pour beaucoup de salariés, et une solitude exponentielle masquée par une consommation individualiste addictive de tout et n'importe quoi… qui génère un désastre écologique.

Comment aujourd'hui re-cimenter les couples, base de toute société, en gardant le bénéfice de l'émancipation, permettant que chaque conjoint exerce ses talents au service d'un métier aussi chargé de sens que possible, rémunéré ou non, tout en unissant deux libertés à deux responsabilités dont la solidarité est le trait d'union ?

Tenir à la fois l'émancipation et la lutte contre l'isolement

« L'individualisation est une émancipation », écrit Chantal Delsol dans *Le Crépuscule de l'universel*[2]. Depuis les années 1960, nous l'avons vu, l'individualisation de la société occidentale a libéré – émancipé – les individus de cadres familiaux ou sociaux contraignants. Si ces cadres ont été rejetés, c'est bien parce que, dans le contexte matériel, social et culturel de l'époque, ils enfermaient les individus dans des schémas d'existence devenus trop étroits.

L'individualisation du travail a émancipé les conjoints du cadre familial : hommes et femmes sont devenus plus libres de choisir leur travail et leur lieu de leur travail. L'individualisation de la consommation, elle, a émancipé les individus des anciennes contraintes de vie, quotidiennes, nombreuses et pesantes. Parallèlement le consumérisme, en exaltant la satisfaction des désirs et le narcissisme, a accéléré le processus de centrage sur soi au détriment de toutes les appartenances sociales.

Par opposition, dans les sociétés traditionnelles, là où une communauté a plus de valeur que les individus qui la composent et où c'est elle qui donne de la valeur aux individus, chacun se définit d'abord par son cadre d'appartenance : l'émancipation n'y a pas de sens, sauf à assumer de rompre avec sa communauté. Pour cette raison, ces sociétés sont aujourd'hui peu attractives en Occident, mais il faut leur reconnaître qu'elles ne laissent jamais une personne isolée face à l'angoisse de son destin.

---

2. Chantal Delsol, *Le Crépuscule de l'universel*, Cerf, 2020.

En Europe, le vide laissé par la destruction des communautés traditionnelles a donné lieu à une immense solitude, qui fonde la critique de l'individualisme et peut ouvrir à celle de l'émancipation : la santé florissante d'initiatives qui, en vérité, visent d'abord à constituer des lieux de rencontre et de soutien, témoigne en creux d'une vaste perte de liens sociaux. C'est le cas par exemple de clubs de football qui fonctionnent souvent comme des familles pour leurs supporters : « *You'll never walk alone*[3] », dit la devise du club anglais de Liverpool, « Dans le malheur ou la gloire, nous, on est là », dit celle du RC Lens, et les supporters de Naples chantent : « *O surdato 'nnamorato* » (« Le soldat amoureux ») et aussi : *« E tu sai ca' nun si sulo »* (« Et tu sais que tu n'es pas seul ») – paroles de *Napule è,* le chant d'amour à Naples de Pino Daniele. Le sens y est partout à peu près identique : si tu es avec nous, tu ne seras jamais seul. Ces clubs emblématiques sont caractéristiques de villes où le chômage, la pauvreté et les ruptures familiales ont profondément attaqué les liens sociaux traditionnels.

Le couple et son travail : la brique à partir de laquelle tout repenser

Résumons le problème posé. L'émancipation des hommes et des femmes par le travail moderne a donné lieu à un individualisme qu'on critique aujourd'hui pour avoir détruit les cadres sociaux traditionnels : ceux-ci avaient

3. « Tu ne marcheras jamais seul. »

notamment pour fonction de n'abandonner personne à la solitude. Cet individualisme a fragilisé jusqu'aux couples, qui constituent la première brique de la solidarité, la plus essentielle de toutes, celle à partir de laquelle se construit toute société.

Cependant nous rejetons, en Occident tout au moins, les sociétés traditionnelles, qui constituent toujours des formes de communautarisme : en niant l'individu, elles combattent certes les conséquences de l'individualisme, mais étouffent les libertés individuelles et les conquêtes de l'émancipation, en particulier celle des femmes.

Quels seraient alors les cadres sociaux qui pourraient permettre de maintenir ou de retrouver le minimum de solidarité dont chacun a besoin, sans pour autant renoncer aux bénéfices de l'émancipation ? Le plus essentiel de ces cadres, celui sans lequel la société occidentale ne serait plus qu'un vaste conglomérat de consommateurs anonymes, le plus résilient car le plus réciproque, le plus solide car le plus égalitaire, le seul qui soit choisi dans l'enthousiasme mais dont on puisse se séparer librement, celui qui est capable de générer toutes les autres solidarités, mais celui aujourd'hui le plus fragilisé par l'économie de marché planétaire et l'indifférence politique, c'est le couple. Il est un plébiscite solidaire qui, s'il n'est pas toujours quotidien, est aussi durable que la vie et la nature humaine le permettent. « Le travail se réalise toujours dans une communauté de sens, indique Pierre-Yves Gomez, c'est pourquoi, au sens grec du terme, le travail est politique[4]. »

---

4. Pierre-Yves Gomez, *Intelligence au travail*, *op. cit.*

La première des communautés de sens, c'est le couple, premier espace de partage du travail, première brique de la solidarité sociale, premier modèle de la cité, premier espace de la politique. Le couple et son travail font la société. C'est donc à partir de cette toute petite et fragile communauté politique résiliente que la vie quotidienne, le travail et la société doivent aujourd'hui être repensés. Il faut tout repenser à partir des couples.

4

Le service public des couples

Une société qui accompagne vraiment les couples

À relire les souvenirs d'enfance de Marcel Pagnol, on est surpris : même s'il s'agit d'un regard d'enfant, même si c'est une autre époque, même si seul Joseph, l'instituteur, exerce une activité rémunérée, la sérénité du temps qui passe dans cette famille est frappante pour nous qui vivons la rapidité du monde moderne. On ne reviendra pas à cette époque, qui n'avait certes pas que des avantages. Il est toutefois possible de réfléchir au défi d'une harassante lutte contre le temps que presque tous les couples connaissent quotidiennement : un équilibrisme de chaque jour entre enjeux professionnels et privés, avec l'objectif toujours que tout passe, au risque toujours que tout casse.

C'est ce défi qui rend haletant le rythme de la vie familiale moderne, celui des urgences qui s'enchaînent de la crèche jusqu'à l'entrée des enfants dans le monde du travail, celui aussi qui peut faire renoncer, par fatigue, à l'enfant de plus, celui qui aurait réalisé le souhait majoritaire des couples, mesuré par l'UNAF. C'est lui qui génère le plus de tensions, de stress et de culpabilités.

Changer les crèches

Pour remporter ce défi, il faudrait d'abord bénéficier de crèches disponibles pour tous les parents qui le souhaitent, notamment ceux de milieux défavorisés, et plus encore pour ceux qui sont étrangers – ce qui conditionne l'intégration linguistique des enfants. C'est loin d'être le cas en France qui, pour plus de deux millions d'enfants de moins de trois ans, compte seulement 440 000 places de crèche, dont 260 000 dans le public, 100 000 dans l'associatif, et 80 000 dans le privé. Il y en a 1 500 000 au Royaume-Uni et 580 000 en Allemagne, pays pourtant peu réputé pour ses services aux jeunes parents.

Le nombre de crèches devrait au minimum être multiplié par deux dans notre pays pour répondre aux besoins : 18 % seulement des enfants y sont aujourd'hui accueillis. Les normes sont en France particulièrement élevées sur l'encadrement des enfants, les activités ou l'aménagement des locaux : elles entraînent des coûts de fonctionnement très supérieurs à ceux d'autres pays européens : 24 000 € par place en crèche en France versus 16 000 € au Royaume-Uni, soit un tiers de moins ! Il est peut-être temps de reconsidérer la préférence française pour des systèmes d'excellence, très lourds financièrement, et de se tourner vers d'autres modèles, simplement suffisants.

Il n'y a toujours pas non plus d'obligation en France à ce que les municipalités mettent une crèche à disposition de leurs administrés, alors que la loi contraint toute commune à être pourvue d'au moins une école élémentaire publique. À quand le Jules Ferry des crèches ? Les assistantes maternelles ou nounous, qui assurent 30 % des gardes d'enfants de moins de 3 ans, ont chacune une vie privée et souvent familiale. Elles ne peuvent répondre aux mêmes besoins que les crèches : un congé maladie ou une absence impromptue génèrent souvent une réaction en chaîne très stressante dans l'organisation et le planning professionnel des parents. Sauf exception, rien n'est prévu pour assurer au pied levé la garde d'un enfant malade : quand un des parents doit brutalement s'absenter de son travail pour maison familiale, c'est souvent un motif de tensions et de reproches dans le couple, chacun négociant vis-à-vis de l'autre l'importance incontournable de sa présence au travail.

Changer les internats

Gagner le défi du quotidien pourrait aussi passer par un grand réseau d'internats, capable de proposer, à tous les parents qui le souhaitent, une solution adaptée aux adolescents. Pour les parents qui élèvent leurs enfants à deux comme pour ceux qui les élèvent seuls, la relation avec un adolescent peut être complexe. Face à des ados en mal de sociabilité, en besoin de discipline ou d'émancipation par rapport au cadre familial, ou encore nécessitant un accompagnement scolaire plus exigeant, les internats peuvent constituer une solution plus confortable et sereine, tant pour les parents que pour les adolescents.

À l'image du réseau des grands lycées napoléoniens créé au début du XIXe siècle dans toutes les grandes villes de France, il serait aujourd'hui utile de produire un immense effort d'investissement, permettant de mettre sur pied un réseau national d'internats capables d'intégrer un grand nombre de lycéens dans les filières générales ou professionnelles.

En 2019, 165 000 élèves étaient internes dans l'enseignement public français, soit 3,5 % seulement des élèves, et 65 000 dans l'enseignement privé. Les internats français du XXIe siècle devraient pouvoir répondre à toutes les demandes d'accompagnement, du collège jusqu'au bac ou aux diplômes professionnels. La relance en France des internats d'excellence va dans ce sens mais, avec un peu plus de 30 000 élèves sur un total de 2 millions de lycéens en filière générale et 650 000 en filière professionnelle, elle ne constitue qu'une très modeste première pierre.

Changer le dimanche

Reconnaître les couples comme la première cellule de solidarité sociale implique non seulement de transformer le travail, mais aussi de poser des actes sociaux symboliquement forts, capables de faire évoluer une culture qui, depuis cinquante ans, a grignoté le temps des couples, au profit de celui des individus et de la consommation. Un acte très significatif pourrait être la re-sacralisation du dimanche, comme jour non seulement de repos, mais surtout d'unité des couples et des familles. Jusqu'à la Révolution française, l'Ancien Régime respectait le dimanche comme jour de repos obligatoire, dédié aux célébrations religieuses et aux retrouvailles familiales, amicales et sociales. Durant la Révolution française, il est devenu légal de travailler – et surtout de faire travailler – le dernier jour de la semaine. Le dimanche non travaillé a été rétabli par Louis XVIII en 1814, mais la révolution industrielle a rapidement trouvé un intérêt à de nouveau l'abolir. Issu du monde ouvrier, Proudhon est l'un des premiers penseurs non-chrétiens à s'y opposer : il publie en 1839 *De l'utilité de la célébration du dimanche, considérée sous les rapports de l'hygiène publique, de la morale, des relations de famille et de cité*. Napoléon III rend de nouveau le dimanche chômé obligatoire en 1851. Milieux républicains anticléricaux et partis catholiques s'opposent sur cette question jusqu'en 1906, où un accord est finalement trouvé entre eux pour préserver le dimanche. Jaurès indique alors dans *L'Humanité* que « les ouvriers trouvent plus de joie dans le repos goûté en commun ».

Au début du XXIe siècle, l'autorisation du travail le dimanche est redevenue un enjeu sous Nicolas Sarkozy, François Hollande et Emmanuel Macron. Toujours à l'argument, comme durant la révolution industrielle, de favoriser la croissance économique. La grande distribution, quant à elle, tente inlassablement, depuis les années 2000, d'élargir ses horaires et jours d'ouverture, avec un certain succès puisque ceux-ci sont de moins en moins limités par la loi : une majorité d'établissements a obtenu l'autorisation d'ouverture dominicale jusqu'à 13 heures, et l'utilisation d'automates ou d'employés salariés par des prestataires extérieurs permet même à certains d'ouvrir l'après-midi, au nom du service aux consommateurs, bien sûr. La manne des 90 millions de touristes (en

2022) qui visitent la France ne laisse pas non plus indifférent le monde économique. Nicolas Sarkozy avait caressé, puis abandonné, l'idée de généraliser le travail du dimanche. En 2015, Emmanuel Macron, alors ministre de l'Économie de François Hollande, a décidé d'ouvrir la possibilité de travailler le dimanche dans les zones touristiques. François Hollande déclarait à l'époque, pour soutenir son ministre : « Si on travaille un peu plus le dimanche pour certains, ceux qui le veulent, dans les zones touristiques par exemple, ça prend des droits à qui ? » Cela en prend aux couples, aux familles et aux amis qui éprouvent le besoin et la joie de passer du temps ensemble, lui aurait répondu Jaurès. Pour les couples, une rémunération supérieure, en contrepartie d'un travail le dimanche, est toujours très tentante à court terme : le besoin d'un meilleur confort matériel est universel, surtout quand on a des enfants, mais les conséquences peuvent se payer cash à moyen et long terme, en privant les conjoints de temps communs essentiels.

Par construction, le centrage de l'attention politique sur l'individu économique, travailleur et consommateur, dévalue ses besoins les plus essentiels de solidarité primaire, dont la satisfaction est gratuite : le couple en est le premier échelon. La re-sacralisation du dimanche demanderait la désacralisation de la manne du tourisme et de la consommation de masse, ce qui serait aujourd'hui, en soi, une immense et moderne révolution écologique avant que d'être une vraie révolution culturelle. L'Allemagne, et encore plus l'Autriche, l'ont fait : c'est donc aujourd'hui possible.

Travailler moins pour consommer moins mais vivre mieux, est un choix de société : soumettre une journée par semaine l'économie aux besoins relationnels des couples et des familles représenterait une salutaire inversion des priorités.

Changer le mariage civil

Un deuxième symbole de la nouvelle place politique et sociale des couples pourrait être proposé à l'occasion des mariages civils. Émouvante et solennelle cérémonie, le mariage civil ne donne pourtant pas lieu, comme dans le cas d'un mariage religieux, à une préparation particulière des futurs époux. C'est pourtant une occasion rare de faire passer un certain nombre de messages essentiels, pour reconnaître et asseoir le couple en tant que première brique de la solidarité sociale.

Une préparation au mariage civil pourrait notamment, au cours d'une demi-douzaine de rendez-vous collectifs, éclairer les contenus concrets de la solidarité au sein du couple. Il serait montré comment, au fil de l'eau, les marges de manœuvre et la liberté de chacun peuvent être rognées à l'insu des conjoints. Chacun pourrait être invité à réfléchir, à partir de témoignages et de discussions, sur la façon de mener conjointement vie professionnelle et responsabilités familiales, puisque c'est là, en général, que se cristallisent les difficultés. La compréhension des notions de plafond et de plancher de verre, et celle du système des vases communicants entre temps professionnel et privé, pourront contribuer à éviter déceptions et frustrations.

Une certaine écologie du couple permettrait de penser à la fois épanouissement personnel et dépendance réciproque des conjoints, à rebours du mythe de la toute-puissance individuelle. L'autonomie et la liberté de chacun, indispensables, pourraient être mises en vis-à-vis des dons, services et sacrifices nécessaires à une authentique relation de solidarité. Le rappel de l'origine du mot conjugalité, que nous avons déjà abordée, serait certes un peu refroidissant, mais ferait redescendre sur terre les futurs époux trop peu conscients des réalités de la vie commune.

Par ailleurs, il ne serait pas inutile de faire connaître les études montrant les contextes favorisant l'apparition de violences, psychologiques et physiques, dans les couples. Les accompagnements que la société peut offrir dans les situations critiques pourraient être explicités, auxquels serait ajoutée la typologie des recours et sanctions encourues. Des stages de sensibilisation aux violences intrafamiliales existent déjà à titre de sanction pénale, mais ils pourraient aussi être prévus de manière préventive plutôt que curative, dans le cadre d'une préparation au mariage civil.

La prévention de ces violences pourrait être l'occasion d'expliciter des traditions dont le sens caché a été oublié, mais dont la signification symbolique serait utile à révéler aux futurs conjoints. C'est le cas par exemple de la demande en mariage. Celle-ci reste, de manière assez surprenante quand on pense à l'immense évolution des relations entre hommes et femmes depuis cinquante ans, très majoritairement masculine et ce, dans le monde entier. L'une de ses formes parmi les plus classiques, scénarisée à l'infini sur des vidéos YouTube par des couples de tous pays, voit l'homme mettre genou à terre (un seul, deux c'est devant Dieu) et offrir un bijou de valeur, souvent une bague, à celle dont il attend une réponse positive. C'est une scène primordiale aux multiples significations cachées, dont certaines sont très intéressantes et d'autres moins. Je ne retiendrais ici que celle-ci : en mettant genou à terre devant celle qui, il l'espère, deviendra sa future femme, et en lui demandant sa main, l'homme lui signifie la soumission de sa force et attend d'elle qu'elle lui exprime explicitement son consentement à l'union. C'est la représentation, dans le cadre d'un couple, de la célèbre formule de Camus : « Un homme, ça s'empêche. » Même si le consentement sexuel est aujourd'hui donné bien avant le mariage, il n'est peut-être pas inutile, à une époque où l'attention est portée sur les violences entre conjoints, de rappeler l'importance fondatrice dans un couple du consentement sexuel et du refus de la force.

La préparation au mariage civil pourrait aussi porter une attention particulière au congé paternité, passé en juillet 2021 à 28 jours dont 7 obligatoires. Certains considèrent que cette mesure devrait être étendue à 28 jours obligatoires. D'autres à 16 semaines sans perte de salaire, à l'instar des dispositions qui ont cours en Espagne. En France, de telles extensions ne font pas encore l'objet d'un consensus politique économique et social. Dans les couples mêmes, une résistance au congé paternité demeure quand la perte de salaire générée par le congé n'est pas compensée. Dans le cadre d'une préparation au mariage civil, il serait au moins possible de sensibiliser sur l'utilité du père, aux côtés de la mère, durant le mois suivant l'accouchement, période d'intense fatigue. Une réflexion pourra en outre être menée sur l'inadéquation du terme « congé » à cette période de vie marquée par de grandes joies, mais aussi de vraies difficultés, de grandes inquiétudes et de troublantes déstabilisations.

En amenant chaque couple à se penser comme première cellule de solidarité sociale, la préparation au mariage civil pourrait inviter les conjoints à s'engager dans des solidarités plus larges, locales, régionales ou nationales, qu'elles soient éducatives, sportives, culturelles, artistiques, politiques ou religieuses. Ces couples étant, eux et leurs futurs enfants, les premiers à en profiter, ils pourront se convaincre d'en devenir en retour les acteurs, participant ainsi à la chaîne des solidarités sociales. Cela contribuera à leur donner une vision ouverte de la solidarité, évitant que celle-ci ne se limite au cadre trop étroit de la famille ou des proches amis. Ce moment particulier sera peut-être la première occasion de ressentir, en tant que couple, comment *faire société*. Cette perception pourrait, notamment au sein des catégories sociales supérieures, faire contrepoids aux désirs sans limites, narcissiques et mimétiques, de noces devenues avant tout divertissements festifs et entre-soi : demandes en mariage « jamais vues », week-ends témoins « inoubliables », EVG[1] et EVJF[2] « de folie », célébrations « de ouf », brunchs « incroyables », voyages « de rêve » et reportages Instagram « magiques », constituent désormais le package complet standardisé, jusque dans son vocabulaire emphatique, du mariage américanisé, c'est-à-dire transformé en produit de consommation.

1. Enterrement de vie de garçon.
2. Enterrement de vie de jeune fille.

Enfin, des formations au rôle des parents dans l'éducation des enfants, à la charge partagée des responsabilités familiales, à l'accueil du handicap, à la gestion de l'argent dans le couple, aux risques d'un endettement excessif, aux médiations et aides juridictionnelles, ou encore à la communication non violente, viendront parfaire le dispositif de préparation, qui pourra si besoin être poursuivi, sur la base du volontariat, après le mariage civil.

L'école des couples

Tous les couples, tant s'en faut, même quand ils sont durables, ne célèbrent pas leur union en mairie. Mais tous peuvent avoir besoin de réfléchir, posément, à ce qu'ils aimeraient que soit leur vie de couple, ou à comment éviter de commettre des erreurs élémentaires. Les parents sont rarement des modèles vers lesquels se tourner, d'abord parce qu'ils ne sont pas toujours à imiter, et ensuite parce que les sujets à aborder ont souvent trop de liens à l'intimité pour être librement évoqués en famille. Les frères et sœurs – s'il y en a –, les amis, copains ou copines, mais aussi le cas échéant des psychologues, accompagnent habituellement les *problèmes de couples*. Mais peu est fait pour tenter de les prévenir. C'est pourtant dans les moments de sérénité et d'ouverture réciproque que les risques peuvent le mieux être évoqués, et le cas échéant évités.

Il existe déjà, sur une base associative, des écoles de parents, et même de grands-parents, pour les cas où la transmission familiale ne suffit pas, mais il n'y a pas encore, sur une base nationale et non confessionnelle, d'*école des couples*. La majorité des contenus de cette formation seraient repris des thèmes abordés dans la préparation au mariage civil.

5

Valoriser politiquement le travail total : le SUPER, Service universel permanent

De colossales masses de travail non rémunérées et non valorisées

Le travail est un tout social, partagé, comme dans les couples, entre trois domaines tout aussi indispensables à une société respectueuse de ses enjeux de solidarité : le travail rémunéré, indispensable à la production et à l'achat de biens et services ; le travail social bénévole, indispensable à la fédération harmonieuse d'une collectivité ; et le travail domestique et familial, indispensable à la solidarité entre conjoints et entre parents et enfants. Tous concourent à la vie sociale, mais tous ne jouissent pas nécessairement du même respect. Les mères et pères au foyer, par exemple, font régulièrement l'expérience de la question : « Tu ne travailles pas ? », dont la réponse détermine souvent l'inclusion dans la société des actifs, c'est-à-dire de ceux qui comptent et contribuent, et avec qui construire une relation peut être utile. C'est le cas aussi pour les retraités, la réponse à : « Tu ne travailles plus ? » les confrontant au risque de relégation : ils sont pourtant massivement engagés dans les activités associatives ou de soutien familial, et il est peu de conseils municipaux qui fonctionnent sans eux.

Reconnaître publiquement une même valeur sociale à toutes les dimensions du travail, c'est sortir d'une vision déshumanisante qui a conduit, dans le langage commun, à ne nommer aujourd'hui « travail » que les activités rémunérées. L'engagement associatif, dans son immense diversité, de la lutte contre la pauvreté aux associations de parents d'élèves, en passant par les clubs sportifs, les collectifs artistiques ou les associations religieuses, mais aussi les millions de contributions gratuites sur internet, sous forme entre autres de tutos Youtube ou d'articles Wikipedia, est une colossale force de travail mise au service de la collectivité. La France compte 21 millions de participations bénévoles, engagées au sein de 1,1 million d'associations non employeuses, ce qui représente 1,5 million d'emplois salariés en équivalent temps plein[1]. 40 % des habitants du Royaume-Uni, un Allemand sur trois, un Français sur quatre et un Italien sur dix est engagé dans une activité associative.

Le travail domestique et familial quant à lui souffre en France, nous l'avons vu, d'un manque de visibilité et de considération. Il n'y a même pas de formulation équivalente à « *Faccio la mamma* », manière pour une Italienne de dire qu'elle fait un travail de mère de famille. En France, 15 % des mères sont « au foyer » (1,5 % de

1. INSEE, « 1,3 million d'associations : des hôpitaux et Ehpad aux associations de parents d'élèves et aux clubs de gym », *INSEE Première* n° 1857, 2021.

pères), contre près de 50 % en Italie et plus d'un tiers en Allemagne. Le travail domestique et familial représente en moyenne 3 h 30 d'activité par jour pour les mères qui travaillent hors du foyer, et 2 heures pour les pères : pour les mères, il représente donc en temps l'équivalent d'une demi-journée de travail rémunéré, sur la base de 7 heures par jour[2]. Par ailleurs, en France, en 2022, un peu plus de 25 % des femmes travaillent à temps partiel. C'est le cas de 40 % des femmes en Allemagne et d'un peu plus de 30 % des Italiennes. Là encore, si on additionne temps quotidien, temps partiel et temps plein réalisé au foyer, l'ensemble représente une colossale somme de travail, au service de la collectivité familiale, c'est-à-dire du premier niveau de la solidarité sociale.

Un service social obligatoire

Pour tenter de rendre socialement plus visible et valorisée cette masse de travail, il peut être utile de s'intéresser à la manière dont le service militaire se pratique en Israël. Quand un jeune israélien atteint ses 18 ans, le service militaire est obligatoire : les hommes doivent faire deux ans et huit mois de service dans l'armée et les femmes deux ans ; tous sont ensuite basculés dans la réserve, et sont régulièrement rappelés sous les drapeaux pour des périodes de trente jours, plus un jour par mois ou trois jours consécutifs par trimestre. Les officiers sont tenus à un service additionnel de sept jours par an. Cette habitude d'absences

2. Enquête INSEE, *Emploi du Temps*, 2010.

à la fois régulières et irrégulières – pour cause de préparation ou de participation à un conflit armé –, y compris de la part de managers et cadres supérieurs, est peut-être, avec les célèbres kibboutz collectivistes, une des raisons qui explique la culture notoirement égalitaire des entreprises israéliennes. Il ne semble pas y avoir dans ce pays de différences fondamentales entre les absences au travail des hommes et des femmes, que la raison en soit familiale ou militaire : toutes sont à la fois légitimes et communes, et toutes sont, d'une certaine manière, nécessaires au pays.

Cette expérience pourrait être la matrice d'une manière radicalement nouvelle de réunir, dans une même utilité sociale, travail rémunéré, travail bénévole et travail familial. L'idée serait de créer un *Service universel permanent* (le *SUPER*), obligatoire et d'une durée d'un an, qu'hommes et femmes seraient tenus de réaliser avant leur rentrée dans la vie professionnelle, ou avant un certain âge. Durant le SUPER, chacun bénéficierait d'une formation sociale qualifiante, dont les compétences seraient maintenues lors de périodes annuelles d'un mois, effectuées dans un service public ou une association reconnue d'utilité publique, toujours les mêmes. Tous les services de solidarité sociale y seraient représentés : armée, santé publique, éducation, justice, police, action sociale et culturelle ou environnementale. En période de chômage, tout bénéficiaire d'allocations serait automatiquement redirigé vers le corps ou l'association où il a acquis une formation sociale : ses compétences y seraient utilisées le temps de reprendre un travail dans le privé. À la fin de la vie professionnelle, la perception d'une pension, pour les retraités dont l'état de santé le permet, serait, elle aussi, liée pendant au moins cinq ans ou jusqu'à 70 ans, à la poursuite d'une activité dans leur corps social ou association d'origine, ce qui générerait une contribution sociale très significative. Dans ce schéma, il n'y aurait plus vraiment de différence entre travail et engagements sociaux, chacun passant avec fluidité de l'un à l'autre en fonction des différents temps ou aléas de la vie professionnelle.

Le service social des parents

En parallèle, les périodes d'exercice des responsabilités familiales pourraient être valorisées sur la base, au choix, d'un engagement quotidien de deux heures par jour ou d'une journée par semaine ou d'un mois par an. Le temps investi sur les responsabilités familiales – par les mères, les pères ou les grands-parents – dispenserait de l'exercice ou du maintien des compétences sociales.

Le temps partiel à 4/5e pour raison familiale ne générerait plus d'inégalités professionnelles ou de rémunération puisqu'il serait comptabilisé au titre de l'exercice des responsabilités domestiques et familiales. Cela aurait par ailleurs l'avantage de réduire sensiblement l'écart des retraites entre hommes et femmes, aujourd'hui encore de 40 %.

Le travail au profit des structures sociales correspondrait à un devoir citoyen : dans tous les cas, les enjeux familiaux des couples et ceux du service social seraient ainsi reconnus comme un travail indispensable à la solidarité sociale.

Une voie d'engagement et d'intégration

Le SUPER, tel que décrit sommairement ici, est moins qu'une proposition concrète et plus qu'une simple utopie. Pour être opérationnel, il nécessiterait une étude plus approfondie qu'il n'est pas possible de réaliser ici. Certaines modalités seraient certainement à adapter, d'autres à inventer et d'autres encore peut-être à abandonner.

Mais le SUPER ouvre une voie pour penser le travail d'une manière différente, le voir dans sa diversité et sa totalité, délié de sa seule valorisation par l'économie de marché, respectant le travail domestique et familial des couples, et le travail social bénévole. Intégrant toutes les dimensions du travail, il pourrait constituer le point de départ d'une société réorganisée autour de la vraie vie des couples, unifiée autour de la seule véritable unité d'égalité entre les citoyens : le temps.

Quatrième partie

L'égalité des femmes fait la liberté des hommes

E quindi uscimmo a riveder le stelle[1].

Dante Alighieri, *La Divine Comédie, L'Enfer*, chant XXXIV, vers 139.

1. « Et finalement, nous sortîmes revoir les étoiles. »

1

L'impasse du tout économique

10 % de PIB en plus… si les femmes travaillent comme les hommes

La présidente de la BCE (Banque centrale européenne), Christine Lagarde, ancienne présidente du FMI (Fond monétaire international) et ancienne ministre de l'Économie et des Finances de Nicolas Sarkozy, a déclaré le 9 juillet 2023 que « si les femmes accédaient à l'emploi dans les mêmes conditions que les hommes », l'Union européenne compterait « à peu près dix millions de salariés en plus, [et] une augmentation du PIB de l'ordre de 10 % d'ici 2050. Cela veut dire un enrichissement de nos économies ». L'Institut Global McKinsey, organisme d'étude et de recherche du cabinet éponyme, a quant à lui calculé en 2015 le surcroît de PIB que produirait en 2025 une égalité femme-homme mondiale : le résultat était de 28 000 milliards de dollars, soit l'équivalent, à l'époque, des PIB américain et chinois réunis. Il est indiqué par l'Institut que « même en France, au Royaume-Uni ou aux États-Unis, où des progrès substantiels ont déjà eu lieu sur le front de l'égalité femme-homme, les bénéfices du scénario le plus positif sont évalués entre 10 % et 12 % du PIB à l'horizon 2025 ». L'origine de la sous-contribution actuelle des femmes au PIB est notamment, selon le même institut, liée au fait que celles-ci assurent en Europe deux fois plus de travail non rémunéré que les hommes, chiffres confirmés par l'OIT (Organisation internationale du travail), et que 75 % du travail non rémunéré dans le monde est assuré par les femmes. « En conséquence, conclut-il, le modèle de performance dominant, qui implique d'être complètement disponible et très mobile, défavorise les femmes. » L'OCDE (Organisation de coopération et de développement économique) est sur la même ligne : dans un rapport sur l'égalité hommes-femmes dans les pays nordiques, publié en mai 2018, l'organisme indique qu'il est nécessaire que les femmes augmentent le nombre d'heures travaillées, et que le jeu en vaut la chandelle, avec là encore un potentiel de croissance du PIB par habitant de 20 à 30 % supplémentaires.

Vers quelle société… si les hommes ne travaillent pas moins ?

Ces données sont très intéressantes, et globalement, dans leurs grandes lignes, peu contestables. Les conclusions qui en sont tirées le sont bien davantage.

L'OIT a certainement raison d'éclairer la responsabilité du « modèle de performance dominant, qui implique d'être complètement disponible et très mobile », et ce faisant, défavorise les femmes. En revanche, l'augmentation du travail rémunéré des femmes, génératrice du surcroît de PIB qui fait rêver ces économistes internationaux, est toujours imaginée *sans jamais que celui des hommes ne diminue*. Il faudrait donc en conclure que, pour ces différents intervenants et organismes d'études, la part du travail non rémunéré assurée aujourd'hui par les femmes est inutile à la société, qui pourrait parfaitement s'en passer : nul besoin donc que les hommes la prennent en charge, en lieu et place des femmes.

Peut-on faire l'effort d'imaginer un instant notre mode de vie, si c'était le cas ? Faute d'être pris en charge par les hommes, le travail non rémunéré, domestique ou familial, ou social, serait donc soit abandonné, soit assuré par le marché. C'est de là que viendrait environ la moitié de l'augmentation annoncée du PIB, l'autre provenant du salaire des femmes ayant rejoint le marché du travail. Cela implique par exemple que des enfants verront, en moyenne, près d'une heure et demie de moins par jour l'un de leurs parents – ce qui correspond au temps de travail familial quotidien que les mères assurent statistiquement en plus des pères. Si les pères ne remplacent pas les mères pendant cette heure et demie, qui prendra soin des enfants ? Une nounou migrante, dont les propres enfants seront gardés par… ? Une caméra vidéo connectée qui les surveillera pendant le bain qu'ils prendront tous seuls ? Un robot qui préparera la soupe et la fera manger au dernier-né ? Un automate qui racontera une histoire avant de dormir ? Une intelligence artificielle qui contrôlera la qualité des devoirs et prendra rendez-vous avec la maîtresse ? Une voiture autonome qui emmènera à l'entraînement de foot, à la danse ou au conservatoire ? Une ligne téléphonique « urgence psycho » qui écoutera les peines de cœur ou les questions existentielles des adolescents ?

Cela signifie aussi des dîners familiaux ou entre amis plus rares, plus courts, livrés directement à domicile, tout préparés : moins de cuisine familiale, de transmission culinaire, de produits frais ; plus de produits transformés, de gras, de sucres et de sel, de déchets, de transports, d'énergie et de dioxyde de carbone. C'est aussi moins de relations humaines, moins de temps passé à discuter avec les parents âgés, les amis ou les voisins, moins de temps pour s'informer ou parler de politique, moins de participation aux activités associatives, moins de sport, moins de conseils municipaux, moins de proximité sociale, moins moins moins de vie sociale et familiale contre plus plus plus de consommation et de croissance économique.

Est-ce la société dans laquelle nous aimerions vivre ? Serait-elle un *progrès* ou une régression ? *C'était mieux avant* serait-il alors passéiste, ou même *réactionnaire*, ou juste… simplement vrai ? Est-ce qu'une égalité de travail entre hommes et femmes calée sur le temps de travail actuel des hommes rendrait la vie plus agréable ? Non, certainement pas. Il n'y a pas que la croissance du PIB dans la vie. La seule égalité vivable serait que les hommes travaillent en moins ce que les femmes travaillent en plus. Mais alors il n'y aurait aucune augmentation du PIB, ni en 2025 ni en 2050.

Un désastre écologique… si les hommes ne travaillent pas moins

Un autre aspect est de se demander ce qui surviendrait, si, comme l'annonce l'Institut Global McKinsey, le PIB mondial augmentait de l'équivalent du PIB de la Chine et des États-Unis réunis… Alors qu'actuellement le niveau mondial du PIB génère déjà une angoissante crise écologique et climatique, cette colossale augmentation de la production industrielle, agricole et de services aboutirait sans nul doute à une impasse environnementale. Peut-on imaginer un instant ce que seraient les phénomènes climatiques, la pollution, l'épuisement des matières premières, l'augmentation du dioxyde de carbone ou la perte de biodiversité dans ce cas ? Resterait-il encore un poisson dans l'océan ? un animal sauvage ? un oiseau ? une abeille ? une forêt ? Y aurait-il encore de l'eau potable ? de l'air respirable ?

Le scénario de l'Institut Global McKinsey est juste le pire et le plus cauchemardesque des scénarios d'avenir, celui qui, avec une bonne probabilité, aboutirait à l'extinction de la race humaine. Elon Musk selon qui « il est probable que la Terre devienne invivable. Mais j'ai une solution à cela : nous allons aller coloniser Mars » aurait alors raison, à supposer que nous puissions ou ayons envie d'aller vivre sur Mars, ce qui, personnellement, ne me tente que de loin.

L'hypothèse de l'augmentation du travail rémunéré des femmes, sans que celle-ci soit compensée par la diminution de celui des hommes, aboutirait à un désastre écologique. Heureusement, la prévision de l'Institut, qui date de 2015, est loin de s'être réalisée, même partiellement… et on peut espérer qu'elle ne se réalise jamais. Les hypothèses de croissance du PIB, françaises, nord-européennes, ou mondiales, obtenues par l'augmentation du temps de travail hors domicile des femmes, sans baisse de celui des hommes, aboutissent toutes à des sociétés invivables, sur le plan humain ou environnemental. Le nombre de publications et études allant dans le sens des propos de Christine Lagarde ou des prévisions de l'Institut McKinsey, comme la qualité de ceux qui les reprennent à leur compte, montre à quel point le consensus est fort pour, même au nom d'une égalité que tous revendiquent, refuser d'imaginer une baisse du travail des hommes.

L'égalité avec lucidité

Le travail, qui a très longtemps été d'abord le moyen de la subsistance des couples, est aussi devenu depuis cinquante ans celui de l'émancipation des femmes : est-il encore un moyen ou, subrepticement, est-il devenu une fin en soi, occultant *le sens de la vie*[1], le vrai ? Faut-il désormais, comme les vieux employés de banque devenus pirates dans le film des Monty Python, s'émanciper du travail ? On dit de l'argent qu'il est bon serviteur et mauvais maître : en est-il autant du travail ?

Quelle égalité attendre, si c'est dans un travail dont le sens ?

1. *Monty Python's The Meaning of Life*, film de Terry Jones, 1983, grand prix spécial du Festival de Cannes.

2

Un questionnement lancinant sur le sens du travail

« Dieu se rit des hommes… »

La perte de centralité du travail dans la vie des Français est manifeste : Jérôme Fourquet, analysant une étude publiée en 2023 par l'IFOP[2] indique qu' « en 1990, 60 % des sondés indiquaient que le travail était "très important" dans leur vie. Ils ne sont plus que 24 % aujourd'hui à faire cette réponse. 36 points de moins en moins de trente ans ! Le recul est pour le moins spectaculaire ». Il l'est d'autant plus que, en 1999, une étude comparative entre différents pays européens montrait que la « place du travail dans la vie » était pour les Français très supérieure (70 %) à celle des Allemands (50 %), des Anglais et des Hollandais (40 %) [3].

Les sièges sociaux transférés à Amsterdam, la dissolution des actionnariats nationaux dans de vastes ensembles

2. Étude IFOP, *« Je t'aime, moi non plus » : les ambivalences du nouveau rapport au travail*, janvier 2023.

3. European Values Surveys (EVS), 1999.

financiers anonymes, les conseils d'administration internationalisés, l'anglais comme langue de travail des cadres dirigeants (annonce de Slawomir Krupa le 3 juillet 2023 aux membres du comité exécutif de la Société générale, parmi tant d'autres), le taux de profit comme principal ou seul critère d'évaluation des activités (« Thomson ne vaut rien », disait déjà Alain Juppé, Premier ministre, en 1996), les écarts de rémunération immenses entre dirigeants et cadres de terrain, ou encore, côté public, les « pantouflages » à prix d'or de hauts fonctionnaires dans l'économie privée, sont devenus les lieux communs de l'économie moderne. La réalisation effective des taux de profit et de croissance promis aux fonds de pension est devenue l'objectif premier pour les dirigeants d'entreprises cotées en Bourse. Les méthodes de management inspirées de la culture américaine se sont imposées dans tous les grands groupes. Philippe d'Iribarne indique que « le rôle du manager est désormais de fixer à ses subordonnés des objectifs aussi précis et quantifiables que possible, et d'évaluer leur travail en fonction du degré de réalisation de ces objectifs[4] ». Cette logique bureaucratique privilégie les règles, et s'oppose culturellement à la confiance, l'adaptabilité et l'intelligence immédiate des situations.

Pour les collaborateurs de ces entreprises, travailler n'est plus désormais l'honneur de se mettre au service d'une cause – psychologie typiquement française –, mais soumettre leur travail, c'est-à-dire *se soumettre*, à des règles répondant à des objectifs fixés au nom d'intérêts particuliers – psychologie contractuelle typiquement américaine.

4. Philippe d'Iribarne, *Le Grand Déclassement*, Albin Michel, 2022.

En France plus qu'ailleurs, où exercer un métier accorde en principe l'honneur de droits et de devoirs, cette soumission est destructrice de sens au travail.

Il est paradoxal aujourd'hui de voir les dirigeants de tant de grands groupes français affirmer publiquement, jour après jour, déclaration après déclaration, convention après convention, leur volonté de donner plus de sens au travail de leurs collaborateurs, quand la philosophie même de leur management le détruit. Dans ces groupes mondialisés, le travail est tellement émietté que peu de cadres sont aujourd'hui capables d'expliquer simplement, à leurs enfants, parents ou amis, ou même à leur conjoint, la nature de leur métier. À la question « Quel est ton travail ? », la réponse la plus simple est souvent : « Je travaille chez... »

« Dieu se rit des hommes qui déplorent les effets dont ils chérissent les causes », disait Bossuet. Les visions, missions ou *raisons d'être* de ces entreprises mondialisées, communiquées de long en large, prouvent juste que plus personne ne les perçoit spontanément. Et pour cause : la plupart ont tout simplement disparu, remplacées très concrètement par la maximisation de la valeur actionnariale. Si ce n'était pas le cas, le bon sens le plus élémentaire devrait suffire à les identifier, de l'intérieur comme de l'extérieur, sans l'aide d'agences de publicité ou de cabinets de conseil, ce qui avait toujours été le cas avant les années 1980, celles de la financiarisation. Quel paradoxe que ce travail moderne, qui émancipe enfin les femmes, mais asservit dans le même non-sens hommes et femmes. *Tout ça pour ça ?*

Travailler pour qui et pour quoi ?

Dans ce contexte de travail désenchanté, des doutes puissants s'expriment au sujet du modèle d'affaires des mastodontes internationaux, qu'ils soient d'origine française ou étrangère. En dehors de différences minimes, ces doutes sont partagés au même niveau par les hommes et les femmes. Le réchauffement climatique, l'épuisement des matières premières, le tourisme de masse, la chute de la biodiversité, les pollutions océaniques, la destruction des économies locales, la prédation économique ou l'optimisation fiscale à grande échelle, mettent en cause la responsabilité de chacun à participer à ce monde-là, par son travail ou sa consommation.

De nouvelles questions se posent désormais avec urgence aux couples : pour qui et pour quoi travailler aujourd'hui ? Pour quelles industries, pour quels services, pour quelle agriculture, pour quelle recherche, pour quels services publics ? Peut-on imaginer des couples où demain, poursuivant l'individualisme moderne jusqu'à l'absurde, l'un et l'autre conjoint auront une philosophie différente, sinon opposée, de leur travail et de leur consommation ? Quel type de solidarité les unirait alors ? Comment est-il possible d'être ensemble, aujourd'hui, les acteurs positifs d'un modèle économique et social qui semble pourtant globalement insoutenable ? Comment la solidarité d'un couple peut-elle participer à l'accouchement d'une société qui ait du sens pour leurs enfants ? Quel sens du travail leur donner en exemple inspirant ? Est-ce que, en regardant leurs parents, ils auront envie de s'engager dans un couple ? Ou faut-il les laisser se définir par « tout sauf comme mes parents », comme tant d'entre eux le font déjà, cherchant comment éviter de reproduire le dévouement du père à son travail et l'assignation de la mère aux tâches domestiques ? Comment demain ces enfants jugeront-ils les responsabilités de leurs parents alors que, en tant que parents, ceux-ci sont justement là pour les ouvrir à celles qu'ils assumeront en tant qu'adultes ?

3

Pour les hommes, la banalisation de l'aventure professionnelle

Une des sources seulement du revenu familial

La diminution ou la disparition de la spécificité économique du travail masculin, par rapport au travail féminin, a été un fait majeur de la fin du XXe et du début du XXIe siècle : elle n'octroie plus aux hommes, comme auparavant, une place à part dans les couples et la société. Elle ne leur offre plus les bénéfices symboliques qui pouvaient par le passé leur faire accepter les aspects les moins motivants du travail masculin.

Le phénomène s'est d'abord imposé au fur et à mesure que le travail des conjointes contribuait de manière de plus en plus significative aux revenus des familles. De gagne-pain principal ou unique, ce qui était à la fois un honneur, une responsabilité et une charge, le salaire des hommes n'est plus désormais qu'une des sources du revenu familial. Il est même désormais inférieur à celui de leur conjointe dans un couple sur quatre en France, et seulement légèrement supérieur à celui de leur conjointe dans près d'un couple sur deux. Au-delà de ces chiffres, qui certes continuent à marquer une différence, une réalité nouvelle s'est imposée en une génération : la possibilité qu'une femme ait un salaire supérieur à son conjoint n'a plus rien d'extraordinaire, même si cette nouveauté reste parfois difficile à accepter par certains hommes comme par certaines femmes.

Il y a mille raisons de tenir cette évolution comme positive et d'y voir une source nouvelle de liberté pour les hommes, dont ils auraient tort de se plaindre. Elle allège ou peut même supprimer leur angoisse devant le risque de perdre un emploi : le standard de vie familial ne repose plus sur un seul des conjoints, sur un seul revenu. Elle permet aussi aux hommes, ce qui a longtemps été le privilège des femmes de la bourgeoisie, de ne plus faire du niveau de rémunération le premier critère de choix d'un travail. Ils peuvent désormais sans scrupule s'orienter vers des métiers dont la rémunération est aléatoire, ou faible, mais qui sont chargés de sens : ajouté au leur, le revenu d'une conjointe peut désormais suffire à couvrir les besoins essentiels d'un couple. Cette évolution positive, et à certains égards libératoire, n'en signifie pas moins l'effondrement d'un pilier masculin du travail, immémoriale source de fierté des pères, qui avait contribué à ce que la loi les institue « chef de famille », notion abandonnée légalement depuis 1970.

Perte de prestige du monde ouvrier

Les hommes sont par ailleurs devenus orphelins du prestige des métiers manuels et ouvriers de l'industrie.

Cette évolution, conséquence de celle des techniques mais aussi de choix politiques délibérés en faveur du tout tertiaire en France dans les années 1980, a généré la démonétisation de cultures professionnelles orgueilleuses de la main et de la force. Acquises au travers de formations courtes et concrètes où les hommes étaient très majoritaires, elles leur permettaient de se prévaloir d'un *métier* dont l'exercice incarnait une masculinité assumée, signifiait un savoir-faire reconnu et respecté, et apportait en sus une position sociale indiscutable : le bleu de travail en était l'emblème et l'uniforme. La classe ouvrière française, composée encore de 80 % d'hommes en 1990, a connu une forte diminution de ses effectifs, presque divisés par deux (de 30 à 18 % de l'emploi en trente ans) : les fiers travailleurs peints par Fernand Léger et longtemps célébrés par le parti communiste ont parallèlement connu une importante perte de prestige social et de reconnaissance politique. La question ouvrière ne fait plus aujourd'hui partie des sujets de prédilection médiatiques, comme c'était encore le cas dans les années 1970.

Culturellement, en dehors de quelques films emblématiques récents – *La loi du marché*[1], *Merci patron*[2], *Au nom de la terre*[3], *Moi Daniel Blake*[4], *Debout les femmes*[5] ou *Ouistreham*[6], la question sociale est elle-même progressivement passée au second plan. L'industrie manufacturière

1. Film de Stéphane Brizé, 2015.
2. Film de François Ruffin, 2016.
3. Film d'Édouard Bergeon, 2019.
4. Film de Ken Loach, 2016, Palme d'or à Cannes.
5. Film de François Ruffin et Gilles Perret, 2021.
6. Film d'Emmanuel Carrère, 2021, tiré du récit *Le Quai de Ouistreham*, de Florence Aubenas, paru en 2010 aux éditions de l'Olivier.

française, dont la participation au PIB a, elle aussi, été divisée par deux en quarante ans – contrairement à l'Allemagne et à l'Italie –, a été pour une grande partie délocalisée à l'étranger. Hors de quelques activités survivantes, les métiers requérant force physique et prise de risques sont devenus en majorité accessibles aux femmes, grâce à la diminution des charges à déplacer, le développement des outillages et la prévention des risques. Leur virilité, souvent chère payée en termes de graves accidents du travail et lourdes maladies invalidantes, n'est souvent plus qu'un souvenir.

La Grande Armée économique

Enfin, les hommes ne sont plus aujourd'hui, comme ils l'ont été depuis la nuit des temps de la chasse et des armes, considérés comme collectivement responsables *par vocation* de la défense du pays. Après la création d'une *armée de métier*, décidée en France par Jacques Chirac en 1996 – en 2005 en Italie et en 2011 en Allemagne –, défendre un territoire est devenu un métier réservé à un petit nombre et non plus une charge commune partagée par tous les hommes d'un même pays. Les notions de pays, de frontières, ou de communauté nationale sont devenues moins évidentes, moins structurantes, plus discutées qu'elles ne l'étaient par le passé. Par ailleurs, auparavant, la défense nationale ne se limitait pas seulement à combattre, mais aussi à imaginer et produire des armes, ce qui a donné lieu à un vaste univers de travail essentiellement masculin : les grandes manufactures industrielles ont fourni les instruments – bateaux, chemins de fer, avions, chars, camions, canons, fusils et munitions – nécessaires aux guerres. Même en temps de paix, l'industrie est pendant longtemps restée au cœur de l'effort souverainiste : « Il nous faut pousser sans relâche nos recherches scientifiques et techniques sous peine [...] d'être colonisés par les participations, les inventions et les capacités étrangères », disait de Gaulle en 1964. La Caravelle, le Concorde, le Mirage III, l'aéroport d'Orly, l'usine marémotrice de la Rance, le Plan Calcul, la filière nucléaire civile et la force de frappe faisaient alors partie de l'orgueil national des Français. Travailler pour ces grands projets ou être salarié chez Renault, ELF, Dassault Aviation, EDF, Alsthom, la SNCF ou Michelin signifiait *aussi*, à l'époque, se mettre au service de la France. Le travail au service de ces entreprises était psychologiquement resté l'héritier de celui que les pères ou grands-pères avaient mené sur les champs de bataille : dans leur tête, les cadres de cette économie industrielle, hommes à plus de 70 %, avaient plus à voir avec les officiers de la Grande Armée qu'avec les managers anglophones interchangeables de l'économie mondialisée.

La consommation était d'ailleurs, elle aussi, marquée par cette mentalité patriotique : avant les années 2000, acheter une voiture étrangère, par exemple, était pour beaucoup une faute civique, ce qui reliait encore dans les esprits consommation et travail, unis au service d'un pays. La dérégulation, inspirée par Ronald Reagan et Margaret Tatcher, puis la financiarisation et enfin la mondialisation de l'économie ont mis un terme à cette culture particulière. Les grands services publics sont progressivement apparus comme des archaïsmes coûteux et inefficaces. Le travail pour des communautés économiques anonymes et multinationales s'est alors substitué à celui au service d'un pays ou d'une nation, cadres apparaissant à beaucoup comme dépassés. Des pans entiers de l'économie sont alors passés sous contrôle étranger, dans l'impuissance, l'assentiment ou la bénédiction des pouvoirs publics : Péchiney, Lafarge, Essilor, Arcelor, Alcatel ou Technip, qui participaient à faire de la France un pays maître de son destin économique, et donc politique, ont disparu. Arnaud Montebourg, interrogé en 2023 par la Commission d'enquête parlementaire sur la perte de souveraineté française en matière énergétique, qualifiait ces ventes de *trahisons.* Le terme n'est ni neutre ni anecdotique dans la bouche d'un ancien ministre français, ravivant le lien ancien entre travail et guerre économique que beaucoup – en France – ont passé par pertes et profits. Les emblématiques grandes écoles d'ingénieurs françaises, fondées par la puissance publique au tout début du XIXe siècle, ont accompagné le mouvement : elles ne forment plus aujourd'hui les généraux de la Grande Armée industrielle française, mais principalement des acteurs de la finance et du conseil international. La devise donnée par Napoléon en 1804 à l'École polytechnique : « Pour la Patrie, les Sciences et la Gloire », qui donnait encore la chair de poule à la fin du XXe siècle, est devenue largement anachronique. L'extension du domaine du marché et son institutionnalisation en régulateur suprême, l'exigence européenne d'une *concurrence libre et non faussée*, les privatisations, introductions en Bourse et plus largement tout ce qui a été dénationalisé, dans les faits ou dans les têtes, au nom du marché, de l'efficacité, de la création de valeur actionnariale ou du pouvoir d'achat, ont fini par faire disparaître l'essentiel d'une psychologie au travail qui avait particulièrement imprégné les esprits masculins.

Le sens de leur travail, qui parfois pouvait aller jusqu'à se confondre avec le *sens du devoir*, s'en est trouvé amputé d'une dimension symbolique et émotionnelle que rien n'est venu depuis remplacer.

Des métiers masculins qui ont perdu leur prestige social

Moins liés à la sphère économique moderne, un certain nombre de métiers auraient pu devenir, ou redevenir, de vrais vecteurs de sens pour les hommes. Ils en sont encore loin, avant tout en raison de leur trop faible rémunération. Les professions de l'action sociale, de la médecine, de l'éducation ou du droit pénal, en somme des métiers dont l'humain est directement l'objet – dépassant ainsi le sens lié au collectif national – offrent un cadre de sens indiscutable. Pourtant ces métiers, qui étaient historiquement beaucoup plus masculins que féminins, notamment à partir d'un certain niveau hiérarchique, ont perdu beaucoup de leur aura auprès des hommes. À partir de 1975, c'est-à-dire du premier budget français en déficit de l'ère moderne, les rémunérations liées à ces métiers n'ont cessé, relativement, de se dégrader, à l'unisson de leur prestige social : les hommes s'en sont alors progressivement éloignés.

En France, 2/3 des magistrats sont aujourd'hui des femmes, et les dernières promotions de l'ENM (École nationale de la magistrature) comptent 80 % de femmes ;

85 % des instituteurs sont aujourd'hui des institutrices (55 % il y a cinquante ans), qui sont payées 50 % de moins que leurs homologues allemandes. Leur salaire était de 2,3 fois le SMIC en 1990 : il ne l'est plus que de 1,2 fois aujourd'hui. Joseph, le père de Marcel Pagnol, l'instituteur de la *Gloire de mon père*, ne fait plus rêver : son salaire n'est plus suffisant aujourd'hui pour subvenir à une famille, ni même pour se loger individuellement dans une métropole française. Dans le corps médical, 2/3 des médecins âgés de moins de 30 ans sont aujourd'hui des femmes (1/3 il y a cinquante ans), et ils gagnent aussi 1/3 de moins qu'en Allemagne. Notables enviés il y a une génération, ils sont devenus pour l'essentiel d'anonymes professionnels au sein d'une non moins anonyme classe moyenne. Hors d'une minorité de postes tout en haut des hiérarchies, qui continuent encore à offrir prestige ou haute rémunération, ces métiers ont été largement délaissés par les hommes en une génération.

4

Pour les femmes, émancipation et frustration

Lutter contre la destruction de sens au travail

Pour une majorité de femmes des classes moyennes et supérieures, leur émancipation est passée et passe toujours par un travail qui apporte ouverture relationnelle, investissement du monde et autonomie financière. Quel que soit le travail, ce puissant minimum fait l'objet d'un large consensus et n'est pas remis en cause, même si la nature d'un travail est moins épanouissante qu'elle le pourrait. Les femmes semblent aujourd'hui moins concernées par ce qui pourrait donner davantage de sens à leur travail, que par ce qui peut leur en retirer, jusqu'à le détruire. Sexisme et harcèlement sexuel, différences de rémunérations à responsabilités égales, moindres opportunités d'accès aux responsabilités, ou encore sous rémunération patente de leur travail, notamment pour celles qui exercent leur activité dans le champ social, nuisent à la motivation au travail des femmes, abîment leur confiance en elles et leur santé, et peuvent *in fine* détruire le sens de leur travail.

Sexisme et harcèlement sexuels sont aujourd'hui mieux contrôlés et sanctionnés : la loi Rebsamen de 2015 a donné une première définition du sexisme et un premier cadre de sanction. S'y est ajoutée la loi du 31 mars 2022, qui, elle, a formalisé juridiquement la notion de harcèlement sexuel : elle a imposé aux acteurs économiques une obligation de moyens renforcée, qui leur demande de prévenir par tout moyen adéquat ce type de situations et de les traiter sans délais quand elles surviennent. Les esprits ont, sur ce point, beaucoup évolué.

Concernant les différences de rémunération entre hommes et femmes, des écarts demeurent, même s'ils ont beaucoup régressé depuis quinze ans. Les plus importants sont aujourd'hui principalement dus aux différences entre métiers majoritairement masculins ou féminins, aux temps partiels et à la différence d'accès des femmes aux plus hautes responsabilités. D'autres explications complémentaires peuvent intervenir, comme le critère de rémunération lors du choix d'un premier emploi, qui demeure en moyenne moins important pour les femmes jeunes diplômées que pour leurs homologues masculins. Sur la durée, des négociations salariales où les hommes montreraient une agressivité supérieure à celle des femmes peuvent aussi participer aux écarts.

Merci mais non merci

Constatant la difficile et parfois impossible résolution des équations travail/vie privée qui leur sont aujourd'hui communément présentées, nombre de femmes sont conduites à se retirer d'une compétition professionnelle dont elles réalisent dans les faits qu'elle ne s'opère pas à armes égales. Dans son livre *Merci, mais non merci*[1], Céline Alix a montré que c'est souvent en dehors des cadres professionnels classiques, notamment en créant leur propre entreprise ou en s'investissant dans des activités professionnelles individuelles, que ces femmes parviennent à retrouver un sens à leur travail. Dans ces nouvelles activités, elles assument souvent un temps de travail très supérieur à ce qu'elles supportaient auparavant – et souvent un revenu moindre –, mais l'organisent en toute liberté, en fonction de leurs besoins, et non de règles collectives rigides, imposées à l'identique à tous les collaborateurs. Le « Merci mais non merci » signifie, de la part des mères de famille, un rejet des toutes les propositions qui conditionnent les promotions à des modes de vie, une disponibilité ou des niveaux de tension épuisants.

Pour les femmes, la recherche d'égalité, qui occupe le devant de la scène politique depuis vingt ans au moins, a en partie occulté le questionnement sur le sens des métiers ou professions où bénéficier des mêmes opportunités économiques et statutaires que les hommes. « Elles manifestaient enfin, et c'était le plus triste, un incompréhensible appétit à l'égard du monde professionnel et de la vie de l'entreprise ; les hommes, qui savaient depuis longtemps à quoi s'en tenir sur la liberté et l'épanouissement offerts par le travail, ricanaient doucement[2] », écrit Michel Houellebecq.

1. Céline ALIX, *Merci mais non merci*, Payot, 2021.
2. Michel HOUELLEBECQ, *Interventions*, Flammarion, 2020.

L'égalité, oui, mais pour un travail qui ait du sens, demandent aujourd'hui les jeunes diplômées, aussi concernées que leurs homologues masculins par les excès de l'économie moderne et leurs impacts sociaux ou environnementaux.

5

Rebattre les cartes grâce à l'égalité

À mi-chemin des changements

« Les hommes, la plupart d'entre eux, semblent en panne à mi-chemin des changements, comme s'ils hésitaient à confirmer l'essai des évolutions qu'ils ont pourtant déjà accomplies, et que tout le monde peut constater : des hommes plus attentifs et proches de leurs enfants, des hommes plus sensibles dans leurs rapports avec les femmes et la vie privée, et mieux informés sur les problèmes des inégalités entre les hommes et les femmes dans le travail et la société[1] », indique la psychanalyste Sylviane Giampino[2]. Elle ajoute : « Au croisement des rapports de couple et en famille, se dessine la place du travail dans la vie d'un homme, plus précisément dans son espace mental : pour la plupart des hommes, cette place est

1. Sylviane GIAMPINO, *Pourquoi les pères travaillent-ils trop ?*, Albin Michel, 2019.
2. Présidente du Haut conseil de la famille, de l'enfance et de l'âge (HCFEA).

le roc du réel, une butée indéplaçable, autour duquel les autres réalités sont contournables. »

Les hommes, nous l'avons vu à plusieurs reprises, ont aujourd'hui un rôle clef à jouer dans l'équilibre des couples : c'est souvent par eux que peuvent le plus facilement passer les nécessaires évolutions collectives, notamment dans le travail, mais aussi dans la vie concrète des couples. Si Sylviane Giampino regrette que l'évolution des hommes n'aille pas encore plus loin, elle prend acte du chemin qu'ils ont parcouru : ils ont accompagné positivement, globalement sans remous ni opposition, l'extraordinaire mutation culturelle et sociale dans laquelle s'est réalisée l'émancipation des femmes.

À l'échelle du temps habituellement nécessaire aux grands mouvements culturels, on peut même parler d'une vraie adhésion des hommes à l'égalité, en particulier dans la classe moyenne et la bourgeoisie – c'est moins vrai en bas de l'échelle sociale, où la culture assigne davantage. Le poids des habitudes mentales et comportementales, des stéréotypes – le plus souvent identiques chez les hommes et les femmes – et du sexisme – tout aussi féminin que masculin – peuvent certes être encore incriminés, mais celui d'une volonté masculine organisée de résister à l'égalité n'a jamais politiquement ou socialement émergé en France depuis les années 1980. Les hommes ont même accepté, à partir de 2012, au nom de l'égalité ce qui est un comble, de subir des lois de discrimination professionnelle au profit des femmes.

S'ils ont aussi facilement accepté l'émancipation des femmes, c'est évidemment qu'ils y ont trouvé leur intérêt : de fait, ils y ont clairement gagné. Nous l'avons vu, les revenus des couples dépendent désormais moins des hommes, ce qui allège la pression qui pesait sur eux, tout en leur ouvrant une plus grande liberté de choix professionnels. Leurs conjointes, plus éduquées, plus indépendantes, plus contributrices économiquement, désormais tendanciellement de même âge et de même milieu, sont davantage devenues leurs égales : les hommes ne s'en sont jamais plaints. Emmanuel Todd indique dans *Où en sont-elles*[3], citant les travaux de Milan Bouchet-Valat[4], que l'hypergamie, tendance des femmes à se mettre en couple avec des hommes de plus haut niveau social, a régressé… jusqu'à s'inverser en hypogamie, les hommes ayant aujourd'hui tendance, par exemple, à se marier avec des conjointes au-dessus de leur condition éducative. Pour l'anthropologue, l'élévation du niveau éducatif des femmes « a même abouti [...] à un phénomène absolument nouveau dans l'histoire : une différenciation directe des femmes entre elles, plutôt que par leur conjoint[5] ». Le délicieux Alexandre – interprété par Philippe Noiret – du film *Alexandre le Bienheureux*[6] n'aurait plus aujourd'hui à assumer le transfert d'ambition sociale de sa très matérialiste conjointe.

Enfin, comme beaucoup d'auteurs d'horizons très divers le signalent depuis quelques années, la révolution sexuelle des années 1970, qui a été principalement vue comme celle de la libération sexuelle des femmes, s'est révélée dans les faits plus favorable à la sexualité masculine

3. Emmanuel TODD, *Où en sont-elles ?*, Seuil, 2021.
4. Sociologue, chargé de recherches à INED.
5. Emmanuel TODD, *Où en sont-elles ?, op. cit.*
6. Film d'Yves Robert, 1968.

qu'à la sexualité féminine[7]. Le sujet est trop vaste pour être développé ici, mais s'il est un domaine où, à l'évidence, l'égalité des femmes, avec toute l'ambivalence du terme quand il est appliqué à la sexualité, ait produit une plus grande liberté des hommes, c'est sans aucun doute celui-ci.

Un monde du travail moins rigide et stéréotypé

Dans le monde économique, la présence en nombre des femmes a rendu les relations de travail moins stéréotypées, plus agréables et courtoises. D'autres modèles de management ont vu le jour, pour tenir compte d'une plus grande diversité de collaborateurs. Pour favoriser l'intégration des femmes, des rigidités mentales et organisationnelles ont été assouplies, dont les hommes ont profité tout autant qu'elles. Des pères de famille engagés dans leurs responsabilités familiales, que ce soit par goût ou par nécessité (1/4 des pères divorcés ont la garde partielle ou complète de leurs enfants), ont réussi à les assumer davantage, sans que leur carrière en soit pénalisée. Les interpellations sexistes, si elles n'ont pas encore totalement disparu, sont aujourd'hui presque toujours perçues comme choquantes : elles étaient encore, il n'y a pas si longtemps, tolérées comme une forme d'humour. Les congés paternité, qui ont mis un certain temps à s'imposer, sont aujourd'hui bien admis. Certains employeurs, et là il faut rendre grâce aux grands groupes parfois mis en cause ici, ont assumé de

7. Voir par exemple Mark Regnerus, *Cheap Sex*, Oxford University Press, 2017.

compenser, alors qu'ils n'y étaient pas obligés par la loi, les indemnités journalières du congé paternité, pour rendre celui-ci économiquement neutre, à l'instar du congé maternité. C'est ce point, essentiel, qui a permis que dans ces entreprises le taux de prise du congé paternité frise statistiquement les 100 %, contredisant les discours stéréotypés sur le refus des hommes d'assumer leurs responsabilités paternelles. En dehors de ces grands groupes, la non-compensation de la perte de revenu occasionnée par le congé paternité demeure un frein important, l'arrivée d'un nouveau-né signifiant toujours une augmentation immédiate et conséquente des dépenses du couple. Grâce à l'égalité, les hommes ont aussi pu bénéficier des libertés offertes par le travail à distance. Avant que d'être largement imposé par les différents confinements – une entreprise sur deux y a recours aujourd'hui –, celui-ci, dans les faits, était resté principalement réservé aux mères de famille. Aujourd'hui, cette pratique est devenue à peu près aussi masculine que féminine.

Dans toute la chaîne hiérarchique, la présence habituelle de femmes a contribué à faire émerger des profils d'hommes plus diversifiés, moins formatés, moins alignés sur un type masculin classique : différentes études ont établi que les meilleurs managers réunissaient des comportements vus comme plutôt masculins – charisme, leadership, décision – et plutôt féminins – empathie, organisation, rigueur[8]. Les équipes mixtes ont aussi démontré qu'elles étaient plus performantes[9], non parce que

8. Étude IMS, *Stéréotypes sur le genre.*
9. Étude McKinsey, *Women Matter*, 2007.

les femmes apporteraient systématiquement une plus-value particulière dans des collectifs d'hommes (ou l'inverse), mais parce que ces collectifs, pour réussir l'intégration des femmes (ou des hommes), sont conduits à revoir leurs habitudes de travail, pour devenir plus inclusifs, ouverts et humainement innovants. En élargissant le champ d'expression professionnelle de tous leurs collaborateurs, les équipes mixtes ont mécaniquement développé leur performance. Le travail y est devenu plus agréable et les relations entre collègues plus riches. Un tiers des couples se forme aujourd'hui directement ou indirectement au travail : les machines à café et séminaires à Deauville sont plus efficaces que Tinder, les week-ends entre amis, les études universitaires, les clubs de sport, les boîtes de nuit, les terrasses de café, le cafardeux camping des Flots bleus ou les cours de yoga. Le mouvement #MeToo, et la prise de conscience qu'il a suscité, a posé un cadre nouveau aux relations personnelles au travail, mais il ne les empêche pas plus qu'avant.

Pour les pères et les mères, des enjeux désormais communs

« En panne à mi-chemin des changements », dit des hommes Sylviane Giampino. En 2019, une étude menée par Pew Research[10] aux États-Unis montrait que pères et mères de famille ressentaient aujourd'hui à peu près aux mêmes niveaux les contraintes concernant leur

10. https://www.pewresearch.org/fact-tank/2019/06/12/fathers-day-facts

articulation entre vie professionnelle et vie privée. Un peu moins d'un père sur trois, et un peu plus d'une mère sur trois, se sentent tout le temps en rush ; un père sur deux trouve les responsabilités familiales très gratifiantes, autant que les mères ; presque un sur deux les trouve toujours agréables, autant que les mères ; presque autant de pères que de mères pensent que leurs responsabilités de parents sont extrêmement importantes. 50 % des pères pensent que l'équilibre entre vie professionnelle et vie privée est difficile ou très difficile, contre 60 % des mères : l'écart est ici significatif mais reste contenu. En revanche, 2/3 des pères contre 1/3 des mères disent ne pas passer assez de temps avec leurs enfants, les obligations professionnelles étant citées comme le premier empêchement. Ce dernier chiffre éclaire les contraintes d'un temps professionnel subi, qui amène une majorité de pères, contre leur volonté, à sacrifier une part importante de leur temps familial.

Du point de vue du temps que les pères désirent consacrer à leurs responsabilités familiales, l'égalité professionnelle entre hommes et femmes est donc certainement favorable aux pères.

Emmanuel Todd, analysant les évolutions du travail des femmes[11], indique que « cet accès [égalitaire des femmes] à l'emploi [...] abolit la nécessité économique de l'homme ». Cette abolition est néanmoins, contrairement peut-être aux apparences, tout sauf une mauvaise nouvelle pour les hommes : elle constitue même probablement pour eux le plus beau, le plus incroyable et le plus inattendu cadeau de l'égalité. Enfin libres, enfin libérés du

11. Emmanuel Todd, *Où en sont-elles ?*, *op. cit.*

travail vu d'abord comme une responsabilité assignée ! En l'absence de nécessité économique impérative, il n'y a plus désormais, pour un homme, d'honneur ou d'abnégation à se soumettre à un travail médiocre dont l'utilité première était de subvenir aux besoins familiaux. Dans ces conditions, il n'y en a plus non plus à se plier aux exigences d'une économie mondialisée, consumériste et déshumanisante, et à en être un rouage obéissant. La question du sens de leur travail peut alors se poser sur des bases radicalement nouvelles. L'abolition de la nécessité économique des hommes a été le pendant historique de l'émancipation des femmes. Si l'égalité des femmes a fait la liberté des hommes, reste à savoir pour en faire quoi ? Les femmes l'ont utilisée à travailler, mais les hommes ?

Cinquième partie

L'émancipation des couples

L'amor che move il sole e l'altre stelle[1].

Dante Alighieri, *La Divine Comédie,*
Le Paradis, dernier vers.

1. « L'amour qui meut le soleil et les étoiles. »

1

Une nouvelle conjugalité basée sur le travail total

La complémentarité n'est pas un gros mot

Le travail du couple, c'est la mobilisation de deux personnes unies au service d'un projet, celui du couple. Ce projet, c'est le point vers où regarder « dans la même direction », selon les mots de Saint-Exupéry. C'est la perspective à partir de laquelle tout ce qui est à faire va pouvoir être organisé et réparti entre les conjoints, en fonction des compétences et des désirs de chacun. Cette répartition formalise le travail de chaque conjoint au service du couple.

Les projets des couples ne sont pas toujours explicites, ils le sont même assez rarement, mais ils existent souvent au minimum dans l'inconscient des conjoints. Les mariages religieux ont au moins l'avantage d'en fournir un clef en main : celui de fonder une famille, c'est-à-dire d'avoir des enfants et de les élever dans la religion de leurs parents, ce qui suppose une transmission culturelle et un modèle de relation au monde. D'autres couples, unis ceux-là par des aspirations politiques ou philosophiques, fondent eux aussi leur projet sur la transmission à leurs enfants de leurs idéaux. Le philosophe Jean-Claude Michéa a raconté comment toute son éducation avait été nourrie par les idéaux communistes de ses parents et grands-parents : « Je fais partie de ces gens qui sont révolutionnaires, si le mot a un sens, par tradition », dit-il.

Dans un projet de couple, l'égalité entre les conjoints est celle de la contribution également respectée au projet commun. Il n'y a pas de projet sans complémentarité entre les conjoints et la complémentarité n'est pas, dans le travail du couple, le gros mot qu'elle est parfois accusée d'être par l'égalité. Elle est nécessaire à tout projet au service duquel deux personnes décident de s'allier et elle ne s'oppose à l'égalité que si les responsabilités professionnelles, familiales ou sociales sont rigidement assignées en fonction du sexe des conjoints.

Dans les projets de couples, la diversité des possibles est beaucoup plus grande qu'elle ne semble au départ. Au début d'une vie professionnelle, le salariat apparaît souvent comme un cadre individuel de travail simple et sécurisant. Il est pourtant, nous l'avons vu, celui qui isole le plus chaque conjoint de l'autre. Par ailleurs une réalité domine aujourd'hui : dès que les responsabilités professionnelles atteignent un certain niveau, il est rare que des conjoints puissent être identiquement investis dans leur travail. Des modèles originaux d'égalité s'ouvrent à ceux qui choisissent de s'écarter des autoroutes du salariat, il est vrai parfois à certains risques et périls.

Mieux partager la vie ordinaire

Entre un volontarisme qui s'exaspère d'une égalité perpétuellement renvoyée aux calendes grecques et l'immobilisme d'un « parce que les hommes et les femmes sont comme ça », les couples peuvent encore explorer avec bon sens des voies de progrès. Si le rôle de la mère dans la sphère familiale est aujourd'hui prépondérant, et si 70 % des Français sont d'accord avec cette idée, personne n'attribue pour autant à une vocation maternelle la capacité à faire les courses au supermarché, conduire les enfants à des activités artistiques ou sportives, ou participer aux réunions avec les professeurs. Pierre-Yves Gomez, dans *Intelligence du travail*[1] écrit que « la vie ordinaire ne se réalise pas par les bons soins d'une main invisible. La vie ordinaire, c'est aussi notre travail domestique. Un couple qui ne le comprend pas, qui croit que ce qui le lie, ce sont seulement les sentiments ou le sexe ou un "plébiscite de tous les jours" pour reprendre l'expression de Renan, ce couple se brise un jour sur la trivialité redoutable de poubelles qui ne sont pas vidées à tour de rôle ou de courses qui ne sont pas partagées équitablement ». Benjamin Biolay et Jeanne Cherhal, dans *Brandt Rapsodie*, chantent à leur manière l'échec d'un couple dont la relation commence par un amour charnel et passionné, mais s'use dans les trivialités de la vie quotidienne, jusqu'à la séparation.

Un meilleur partage des responsabilités familiales ne passera peut-être pas par la voie législative, comme

1. Pierre-Yves GOMEZ, *Intelligence du travail, op. cit.*

l'a proposé Sandrine Rousseau[2] en 2022. En revanche, une double prise de conscience, de la part des pères sur le risque de fragilisation de leur couple et de la part des mères quant au nécessaire lâcher prise sur la sphère familiale, indispensable à la responsabilisation de leur conjoint, peut les faciliter. Les hommes peuvent mieux saisir comment leur disponibilité dans la sphère privée conditionne celle de leur conjointe dans la sphère professionnelle. Cette perception peut contribuer à les mobiliser sur des gains rapides en matière de meilleur partage des responsabilités familiales.

Un pour tous, tous pour un, à deux

Dans un couple, l'égalité n'est pas faite pour limiter les potentialités des conjoints : au contraire, sa vocation est de les libérer. Elle peut toutefois devenir enfermante si elle s'inscrit dans une vision trop comptable ou trop normative des tâches et responsabilités assignées à chaque conjoint. La complémentarité entre conjoints, inhérente à tout couple, apporte une autre logique à celle de l'égalité, chacune évitant les excès de l'autre. Elle fédère les énergies et les compétences de deux personnes, par essence différentes, au service d'un seul projet. Le couple, sauf à perdre sa vocation émancipatrice, ce qui le transformerait en prison, est un principe dynamique : égalitaire, il peut paradoxalement permettre une répartition très inégalitaire des investissements de chacun dans le travail du couple,

2. Députée Europe Écologie-Les Verts, 9e circonscription de Paris.

pourvu qu'elle soit réellement assumée et non de fait assignée par l'un des conjoints à l'autre. C'est un terrain objectivement glissant, qui peut conduire à ce qu'un conjoint utilise l'autre à son service. Pourtant, il n'y a pas de grande œuvre humaine qui n'ait mobilisé la totalité des capacités de celui ou de celle qui l'a réalisée. De Gaulle n'aurait jamais été ce qu'il a été sans que "Tante Yvonne" se mette au service de sa carrière militaire et politique – elle l'a même suivi lors d'une mobilité à Londres… Margaret Thatcher non plus sans que Denis se place dans son ombre, acceptant même d'aller habiter au bureau de son épouse, au 10 Downing Street.

Autre exemple : dans *Dark Waters*[3], l'avocat Robert Billot se dresse seul contre l'entreprise chimique Dupont de Nemours, dont les activités chimiques ont eu de terribles conséquences sur la santé des habitants d'un paisible village américain. Dans cette affaire, qui mobilise plusieurs années de sa vie, la totalité de sa charge mentale et tout son temps disponible, le héros, avocat des familles, met en péril son couple. Mais les enjeux de santé publique sont tels et le scandale moral si fort ques, même conscient de l'impasse familiale, il ne se dérobe pas.

Le couple emblématique de Pierre et Marie Curie, scientifiques de dimensions exceptionnelles, où chacun s'est mis, à une période de sa vie, au service du projet professionnel de l'autre, est une autre version de ces couples « *un pour tous, tous pour un, à deux* » où l'un, ici à tour de rôle, se met volontairement au service de l'autre. « Derrière chaque grand homme, il y a une femme », disait

3. Film de Todd Haynes, 2019.

Talleyrand. L'inverse est vrai aussi, tant il est universel qu'être grand demande souvent d'être deux, l'un soutenant l'autre. Seuls, nous sommes plus libres, mais moins résistants et moins résilients. La solidarité d'un couple ne se mesure pas au trébuchet de la réciprocité immédiate, mais offre un soutien dans les difficultés quotidiennes du travail et de la vie privée, tout autant que dans les engagements emblématiques au service des grandes œuvres de l'histoire. L'égalité est un principe de solidarité, qui permet à chacun, selon la situation, de bénéficier du plein support de l'autre. Elle n'est pas une lettre rigide à respecter, mais une souplesse d'esprit pour penser la vie à deux et le succès de chacun.

Les couples, en première ligne pour transformer la société

Les hommes et les femmes, nous l'avons vu, ont un terrain commun de sens au travail : la possibilité de s'engager positivement dans une transformation du monde qui facilite la vie de tous, protège le vivant et ne laisse personne dans la souffrance et la solitude. Cette nouvelle société a des contours encore très flous. Elle devrait être beaucoup plus sobre – « La sobriété n'est pas une option. On va y avoir droit », affirme Jean-Marc Jancovici[4] – et… c'est à peu près tout ce que nous en savons. Travailler à la construire représente néanmoins une extraordinaire aventure pour qui veut s'engager à créer un avenir sinon

4. Co-auteur avec Christophe Blain du *Monde sans fin*, Dargaud, 2021.

radieux, on a déjà donné, mais au moins motivant pour les générations futures. Or, ces générations futures, ce sont d'abord les enfants présents et à venir des couples d'aujourd'hui. Ceux-ci sont donc en première ligne vis-à-vis des nouveaux équilibres écologiques et sociaux à construire.

Les sociétés occidentales, la France en particulier, sont soumises à un ensemble de maux, tous reliés à la déliquescence du bien commun et donc à une hubris individualiste. Les revenus du travail ne permettent plus à beaucoup de vivre dignement ; l'école ne donne plus, depuis longtemps désormais, les mêmes chances à tous ; les déserts médicaux se multiplient hors des grandes métropoles ; la justice est devenue illisible, les prisons sont surpeuplées, les médias discrédités, les hommes et femmes politiques suspectés, les commerces de proximité ferment, les cafés disparaissent, les incivilités de rue sont de plus en plus communes et de plus en plus violentes… en somme, toutes les solidarités sociales sont en souffrance. Les couples sont directement concernés par leur affaiblissement, et ce à double titre : ils en ont besoin pour eux-mêmes, et ils sont les premiers à souhaiter les préserver pour leurs enfants.

Il y a une solidarité macro-sociale, assurée par les pouvoirs publics, une solidarité intermédiaire prise en charge par le monde associatif, et une autre, micro-sociale, qui naît dans chaque couple de l'aide réciproque entre conjoints et du partage des responsabilités parentales. Elle se fédère quotidiennement à celle d'autres couples, confrontés aux mêmes besoins : un couple parent d'enfants est en soi une *petite usine sociale*.

Le couple au milieu du village

Les couples ne sont pas par définition écologiques, mais ils sont les plus petites structures où mutualiser, c'est-à-dire diminuer, les besoins des individus. À deux, on consomme en principe moins qu'à deux fois un : moins de mètres carrés, de machines et de réfrigérateurs, de télévision, de vaisselle, de voitures… Les couples ont plus de chance d'être concernés par les questions liées à la surconsommation, au réchauffement climatique et à la destruction de l'environnement, car ils sont directement concernés par l'avenir de leurs propres enfants. *A contrario*, c'est ce qu'affirme Blanche Gardin quand elle déclare ironiquement qu'elle n'est pas écolo puisque, n'ayant pas d'enfants, la vie s'arrête avec la sienne. Le couple est donc l'unité élémentaire à partir de laquelle commencer à construire une écologie concrète, qui raisonne et limite la folie consommatrice.

L'essentiel darwinien une fois assuré – la rencontre d'un conjoint qui permette la reproduction des gênes –, l'accumulation de signes statutaires et la mise en valeur de son corps n'ont plus le même enjeu pour les couples concernés par les enjeux environnementaux : le moteur de la société de consommation, lancé à pleine vitesse durant les années 1960 avec la libération sexuelle, pourrait alors ralentir, se reconvertir ou même s'arrêter. S'il se pense *petite usine sociale*, première brique de toute la construction sociale, un couple peut percevoir sa vocation à dépasser une autosuffisance heureuse, articulée autour de son bien-être matériel et familial : il peut récuser un individualisme de couple, qui, une fois ses besoins matériels satisfaits, n'attend plus rien de la société et ne pense plus rien lui devoir, se désintéressant de ses enjeux politiques et sociaux, locaux et nationaux, et de ses urgences environnementales.

Remettre le couple au milieu du village, c'est aussi rappeler à chaque couple ses responsabilités dans la construction et le maintien de tous les niveaux de solidarité sociale.

2

« Parce que nous le valons bien »

Résister, défendre le temps commun du couple

L'Oréal, toujours à la pointe des tendances consuméristes, a fait évoluer son vieux slogan des années 2000, « Parce que je le vaux bien », devenu trop ostensiblement individualiste, en « Parce que nous le valons bien. » Cette nouvelle affirmation pourrait, paradoxalement puisqu'elle est issue de l'imagination de publicitaires dont le métier est d'exacerber le désir de consommation, très bien convenir, à l'inverse, aux couples souhaitant rompre avec l'individualisme et le consumérisme. Elle pourrait synthétiser l'idéal d'une génération postmoderne désirant penser son avenir à partir des couples, et non plus des individus. Son objectif serait de préserver la solidarité fondatrice des couples, tout en conservant la liberté individuelle moderne, acquise par chacun dans le travail et la vie privée. Leur refus serait à la fois celui d'une consommation sans limite, excitée par d'infinis désirs, et celui d'un travail privé de sens.

« Parce que nous le valons bien » pourrait alors devenir le mot d'ordre d'une volonté créatrice, celle de fonder à travers chaque vie de couple un modèle original et résiliant de solidarité concrète. Une invention de chaque jour, avec ses victoires et ses défaites, ses illusions et ses réalités, ses espoirs et ses déceptions, mais une aventure authentiquement humaine.

L'étendard de l'émancipation des couples

Si l'étendard de la résistance aux diktats matérialistes doit être brandi, les couples doivent commencer par balayer devant leur porte. Même si l'État, les entreprises et les acteurs publics, les syndicats et les associations ont un rôle éminent à jouer, c'est d'abord au sein même des couples que la prise de conscience doit s'opérer.

Tant qu'un couple acceptera, au nom du progrès ou de la liberté, qui sont les mantras publicitaires de la consommation, de confondre son intérêt bien compris avec celui de l'expansion infinie du marché, aucune loi, organisation du travail ou action sociale ne viendra le protéger. Tant qu'il ne prendra pas conscience que la logique de marché pousse à toujours davantage individualiser les besoins des conjoints, au lieu de les mutualiser, tant qu'il ne décèlera pas comment le travail peut aujourd'hui conduire à la confrontation entre conjoints, parce que la réussite professionnelle de l'un entrera de fait en compétition avec celle de l'autre, tant que le travail, y compris sous ses formes les plus vides de sens, justifiera pour l'un ou l'autre des conjoints le sacrifice de pans entiers de la vie privée, tant qu'une certaine sobriété ne viendra pas raisonner l'expansion consommatrice sans fin, tant que « parce que je le vaux bien » ne sera pas rejeté comme le paroxysme du narcissisme consumériste, la résistance restera insuffisante et, dans tous les cas, faible.

La modernité, pour marquer ses points, a besoin de victimes consentantes. Elle capte le travail du couple, le dénature pour le séparer en double travail individuel, puis en double consommation individuelle. En multipliant celle-ci, elle crée une croissance économique sans fin. La modernité met le temps à son service et, ce faisant, le transforme en argent : c'est elle et seulement elle qui fait du temps de l'argent. Tous les temps collectifs sont dans son viseur, jusqu'à celui, final, du couple. Marx avait déjà indiqué, il y a longtemps maintenant, que la croissance capitaliste avait besoin de « dissiper tout ce qui est stable » : un couple, toute petite cellule stable de solidarité, est à la fois le premier et le dernier maillon de la stabilité sociale.

Promouvoir une postmodernité plus respectueuse des solidarités essentielles, c'est d'abord tenter, chacun à son niveau, de stabiliser ce maillon, sans remettre en cause les acquis des libertés individuelles.

L'émancipation à deux

Le temps est une notion éminemment subjective, et les couples ont sur ce point des attentes et des pratiques extrêmement différentes. En revanche, chaque couple a besoin d'un certain temps commun pour construire ensemble une solidarité, une intimité, une connivence.

La suffisance de ce temps est la ligne rouge où arrêter les dérives du travail et de la consommation : pour tenir cette frontière, un couple doit faire l'effort d'identifier ses temps communs essentiels et réfléchir à comment les protéger. Le seul problème, c'est que c'est au fil de l'eau, ou plutôt du temps, que les temps du couple sont insensiblement grignotés, pour parvenir finalement à ce qu'une vie à deux soit divisée en deux vies à un.

Pour l'éviter, il n'y a pas d'autre solution que de placer obstinément le projet du couple tout en haut de la hiérarchie des objectifs individuels des conjoints. Cela veut dire concrètement que les objectifs du travail de chaque conjoint, avant d'être ceux de leurs employeurs, restent d'abord ceux de leur *projet de couple*. Y parvenir, c'est permettre l'émancipation de son couple, celle qui permet de choisir sa vie plutôt que son travail.

L'émancipation du couple impose le projet du couple à celui que la croissance économique ou la consommation ont pour lui. Elle est l'affirmation de la liberté du couple dans, et s'il le faut contre, le monde : sauf circonstances exceptionnelles, la raison du monde, si elle s'oppose à celle du couple, doit rester à sa porte. L'y laisser est une guerre longue et besogneuse, brumeuse et difficile : le monde moderne ne renonce jamais à capter le temps des individus qui constituent les couples, car c'est sa vocation et son moteur.

L'accélération et la densification du temps placent le couple dans le monde d'aujourd'hui comme la grenouille dans la casserole d'eau froide : au doux feu de la modernité, il ne sent pas la température monter. Nous innovons toujours davantage pour réduire un temps qui nous échappe pourtant toujours plus. Tout est course contre le temps, et la course est infinie, toujours plus rapide, épuisante. Il suffit pourtant de repenser à l'étrange calme que beaucoup ont expérimenté lors du confinement en 2020 : le temps y a soudain retrouvé son cours éternel. La contemplation et le dialogue, le rêve, la méditation et même l'ennui, ont souvent – pas toujours – repris leurs droits, et nous nous sommes soudain rendu compte qu'il était bien temps qu'ils le fissent.

Pour protéger les couples, il nous faut chacun trouver comment ralentir et résister à l'utilitarisme du temps auquel le modernité consumériste nous invite sans cesse, elle qui déteste tout ce qui est gratuit. Nos temps les plus précieux, ceux qui nous font être un à deux, doivent rester notre jalouse propriété. Face à la rationalité froide et efficace du monde actuel, il nous faut chercher la poésie de la *résonance*[1] avec le monde, à laquelle nous invite Hartmut Rosa.

Les couples, déserteurs de la société moderne

Aucun travail ne mérite la rupture d'un couple, surtout quand le sens de ce travail est faible, ou socialement surévalué. Seul un travail dont le sens est hors norme peut mériter qu'un couple souffre ou subisse, qu'un des conjoints supporte des sacrifices exceptionnels, que des périodes difficiles soient volontairement assumées à deux.

---

1. Hartmut Rosa, *Résonance. Une sociologie de la relation au monde*, La Découverte, 2021.

Vous êtes remplaçable ? D'autres feraient votre travail aussi bien que vous ? Quelle part de votre intelligence investissez-vous dans votre travail ? Avez-vous autour de vous des gens qui vous inspirent ? Quelle est votre liberté d'action ou d'organisation ? Vous fait-on confiance ? Une intelligence artificielle pourrait-elle demain faire à peu près à l'identique votre travail ? Honnêtement, qui vous regretterait si vous démissionnez ? À quel projet indispensable contribue votre travail ? Votre service, vos produits, votre entreprise disparaîtrait, cela gênerait qui en vérité ? Ce sont des questions que chacun gagne à se poser face à un travail qui attaque, même partiellement, l'unité d'un couple. Elles s'expriment en termes identiques pour un homme ou une femme, mais peut-être avec plus de force encore pour un homme, car le travail d'une femme restera toujours, en plus, la condition à sa liberté. Pour un homme, « roc du réel et butée indéplaçable », comme le dit Sylviane Giampino, le travail peut être l'île où abriter son bateau mais aussi l'iceberg où le perdre. « Messire Dieu premier servi », disait Jeanne d'Arc. « Messire couple premier servi », pourraient dire aujourd'hui les couples postmodernes, face à une économie mondialisée au service de qui le sens d'un travail est de plus en plus questionnable.

L'émancipation des couples, au sens où le droit romain l'entendait en parlant de celle des esclaves, signifie leur libération : elle se joue aujourd'hui à deux.

3

S'émanciper en couple : d'autres modèles égalitaires sont possibles

« 50/50 sur une vie »

Dans le monde du travail tel qu'il est aujourd'hui, le privilège donné à la carrière d'un des conjoints est parfois une réalité inévitable. Les conjoints peuvent en revanche décider d'échanger les périodes où la carrière professionnelle de l'un prend le dessus sur celle de l'autre. Ces périodes peuvent être plutôt courtes et régulières, tous les trois ou cinq ans par exemple. Elles peuvent aussi se répartir autour de deux grandes périodes assez classiques de la vie. La charge de travail familial que les femmes supportent plus que les hommes se concentre habituellement sur une période de dix à quinze ans, entre 30 et 40-45 ans. En sortant de cette période, ces femmes ont souvent de l'énergie à revendre, et sont prêtes à l'investir dans un projet professionnel motivant. À l'opposé, au même moment, après quinze à vingt ans d'investissement professionnel intense, les pères peuvent souhaiter alléger leur charge de travail : fatigue mentale, ambitions déçues, sens insuffisant, perspectives faibles… Vers 45 ans, il reste encore vingt ans aux hommes comme aux femmes pour un passionnant nouveau projet.

C'est le moment où un *échange de charges mentales* peut être mis en place. À la mère de famille celle d'une ambition professionnelle libérée, la charge mentale familiale devenant pour elle secondaire. Reprise par le père, celle-ci passe alors pour lui au premier plan. Il peut alors, par exemple, refuser des promotions professionnelles, travailler une heure de moins pas jour, prendre un 4/5e, préférer les postes d'expertise à ceux de management, les fonctions support aux fonctions opérationnelles, ou refuser des mobilités géographiques qui nuiraient à la carrière de la conjointe. La possibilité s'ouvre aussi à lui de choisir une nouvelle activité professionnelle, le cas échéant moins rémunératrice, mais dont le sens est plus fort et qui n'entre pas en conflit avec les responsabilités familiales. En somme, ce faisant, le père adopte dans la seconde moitié de sa vie professionnelle exactement la même stratégie et les mêmes pratiques que celles de la mère durant les dix à quinze années précédentes.

Cette inversion, vers 45 ans, de la hiérarchie des charges mentales entre mères et pères a l'avantage d'autoriser ces derniers à être familialement présents quand les adolescents ont particulièrement besoin de leur présence. Elle peut aussi rouvrir pour eux l'accès à des passions personnelles, délaissées durant la période d'intense travail. À une époque où les carrières professionnelles se terminaient entre 55 et 60 ans, cet échange entre charges mentales était peu pertinent. Aujourd'hui, alors que la moyenne européenne du départ en retraite approche les 68 ans, il le devient, en particulier dans les catégories sociales les plus éduquées, dont l'âge de départ en retraite est le plus tardif. Tout dépend évidemment des couples, des aspirations de chaque conjoint, de leurs compétences, et des opportunités qui s'offrent à eux : « 50/50 sur une vie » n'est pas une solution universelle, mais elle peut être une opportunité à étudier sans tabou au bénéfice de chaque conjoint.

Échanger entre conjoints les investissements dominants entre sphères professionnelles et familiales, dix à quinze ans après l'arrivée du premier enfant, est une manière, sans rien demander à personne, de se libérer des « plans de carrière » rigides et inégalitaires. C'est l'opportunité pour les conjoints de vivre ensemble deux vies successives, chacune avec leurs charmes et leurs pesanteurs.

Père au foyer ? Et pourquoi pas !

Dans les couples, les complémentarités de personnalités et d'ambitions sont extrêmement diverses. Les désirs peuvent être identiques, mais aussi parfois opposés. Certains peuvent être attirés par des aventures professionnelles, quand d'autres préféreront un travail familial dont le sens affectif et humain est plus concret. En France, les mères au foyer – 14 % des mères – sont beaucoup plus nombreuses que les pères au foyer – 2 % des pères. Si une femme bénéficie d'un revenu suffisant, rien n'empêche aujourd'hui un conjoint qui le souhaite d'assumer la totalité des responsabilités familiales, complétées, comme c'est souvent le cas pour les mères au foyer, par des investissements sociaux de proximité. Les hommes peuvent trouver un sens à ce choix, en toute conscience des fragilités qui peuvent survenir en cas de séparation du couple : celles-ci demeurent, pour les pères au foyer, l'épée de Damoclès qu'elles ont toujours été pour les mères au foyer. Ce choix, qui pourrait apparaître à certains comme peu viril, ouvre au contraire à une autre vision de la virilité, qui refuse la soumission à un travail rémunéré dont le sens est anecdotique ou absent. Cela peut constituer une affirmation de liberté et un acte d'honneur. D'expérience, pour les couples qui ont choisi cette répartition originale des rôles, les difficultés proviennent plus des stéréotypes de l'environnement amical ou familial – et notamment du regard de la génération du dessus – que de dysfonctionnements à l'intérieur du couple : on ne sort pas si facilement d'assignations sexuées millénaires. À l'intérieur du couple, il se peut néanmoins que ce choix de vie original, assumé au départ avec fierté par des conjoints qui se vivent comme *modernes* et anticonformistes, se heurte finalement, à l'expérience, à des attentes sexuées aussi traditionnelles qu'inattendues sur le rôle d'une femme ou d'un homme dans un couple. Les anticonformismes culturels ne correspondent pas toujours aux désirs profonds… finalement parfois très conformistes.

Vivre à deux, plus libres qu'à un

Les choix de vie originaux et émancipateurs peuvent être plus facilement assumés s'ils sont réalisés en couple, surtout quand ils sont en rupture avec ceux de l'entourage amical, familial, social ou éducatif. Choisir une vie différente se fait plus facilement à deux que seul, tant la confiance réciproque de l'autre-qui-m'aime, son regard bienveillant et solidaire, et le partage d'une vision commune des hiérarchies de la vie, sont souvent indispensables pour permettre des choix différents. Pierre et Michèle Rabhi, après avoir acquis *Montchamps*, leur ferme à Lablachère, en Ardèche, sans électricité ni eau courante, posée sur un sol sec et rocailleux, n'auraient jamais pu supporter la misère et les critiques, s'ils n'avaient d'abord partagé le même *déraisonnable* projet de couple, celui de la *sobriété heureuse*. La rationalité d'un couple n'est pas celle du monde : elle échappe souvent à la raison commune, jusqu'à parfois s'en affranchir complètement.

En soi déjà, le choix pour certains couples de se marier, c'est-à-dire de s'engager formellement l'un vis à vis de l'autre pour – en principe – une vie entière, constitue probablement le paroxysme du déraisonnable. Ce pari insensé sur l'amour, dont chacun sait pourtant qu'il *n'est pas un long fleuve tranquille*, est pourtant fait par 250 000 couples chaque année. Ce n'est pas si étonnant qu'il peut paraître : dans une vie, si on y réfléchit bien, les décisions les plus déterminantes ont peu à voir avec la raison, et c'est paradoxalement ce qui les rend authentiquement humaines. Au sein des couples, la poésie de Dante, c'est-à-dire la recherche – lanterne en main, flamme vacillante – du mystère de la vie, celle aussi du bien, du bon, du beau, du vrai et du juste, l'emporte le plus souvent sur la froide et ennuyeuse rationalité de Descartes. Et c'est heureux. « Les braves gens n'aiment pas qu'on suive une autre route qu'eux », chantait Georges Brassens dans *La Mauvaise réputation* : choisir la mixité sociale, vivre au cœur de la ruralité, mettre sa vie *au service des autres,* chercher la beauté, renoncer délibérément au confort matériel, inventer de nouveaux modes de vie, décider de vivre ou d'aimer différemment, sont des choix interpellants, engageants, *disruptifs*, qui peuvent susciter l'étonnement, l'incompréhension et parfois le rejet. C'est la raison pour laquelle il est souvent plus facile de les réaliser à deux que seul : en couple on résiste mieux, on supporte plus, on tient plus longtemps, on consolide ensemble les volontés et les rêves. On assume mieux aussi, le cas échéant, le retour contraint à un mode de vie plus conformiste.

Entreprendre ensemble

L'émancipation des couples peut aussi aujourd'hui, paradoxalement, passer de nouveau par un travail réalisé en commun, en entreprenant ensemble, *comme dans l'ancien temps*. C'est encore le cas aujourd'hui, nous l'avons vu, d'une majorité de commerçants, de beaucoup d'artisans et d'agriculteurs, et de nombreuses petites ou très petites entreprises, notamment de service.

Il y a comme une évidence à considérer que des conjoints, s'ils sont capables de gérer ensemble une famille, soient aussi à même de développer une petite entreprise. Pourtant, de manière un peu surprenante, entreprendre en couple est une possibilité dont le principe séduit rarement dans les milieux éduqués, tant il semble évident que l'épanouissement optimal de chacun passe par un travail indépendant de l'autre conjoint. Tant aussi, en France particulièrement, la reconnaissance sociale d'un travail au service d'une institution à forte notoriété, publique ou privée, est supérieure à celle de petits entrepreneurs vite qualifiés de *boutiquiers,* comme Napoléon le disait avec mépris des Anglais. Tant peut-être aussi est toujours présent le souvenir culturel des couples qui n'avaient pas d'autres choix que celui de travailler ensemble. Tant encore la vie professionnelle semble-t-elle devoir être séparée de la vie privée, comme s'il devait absolument y avoir une cloison étanche entre les deux, idée qui semblerait bien étrange aux générations passées.

Entreprendre en couple est un modèle qui mérite au moins d'être sérieusement étudié car il permet, s'il est librement choisi, de résoudre un certain nombre des contraintes inhérentes aux couples d'aujourd'hui. Il est un mode de vie qui donne, beaucoup plus qu'un autre, la possibilité aux conjoints de vivre ensemble ; il matérialise dans la vie professionnelle les complémentarités déjà réunies dans la vie privée et il permet bien davantage qu'un autre de comprendre et de respecter les contraintes familiales ou sociales de son associé, qui est aussi son conjoint.

Dans ce modèle, si les charges professionnelles et privées ne sont pas nécessairement identiques entre conjoints, au moins celles-ci peuvent-elles être réparties en toute conscience de la totalité du travail à prendre en charge au sein du couple. L'égalité peut y être parfaite, par absence de hiérarchie entre conjoints et entre travaux des conjoints. En 2017, une large étude internationale[1] a montré que les organisations fondées par des couples se révèlent en moyenne plus performantes que les autres, à condition toutefois que les conjoints soient *codirigeants,*

---

1. M. D. Amore, D. Miller, I. Le Breton-Miller et G. Corbetta, "For love and money: Marital leadership in family firms", *Journal of Corporate Finance*, octobre 2017.

c'est-à-dire sans différence hiérarchique entre eux. Leur succès s'explique par un mix de complémentarité et de complicité, de rapidité dans les prises de décision et de confiance mutuelle inhérente à un couple. Les exemples de ces réussites sont nombreux, de Piera et Pietro Ferrero, Charles et Ray Eames à David et Victoria Beckham, en passant par Dolce et Gabbana, Eliette Vincent et Julien Larde, créateurs de Cocolis, ou Ugur Sahin et Özlem Türeci, fondateurs de BioNtech, inventeurs du premier vaccin à ARN messager.

Le risque existe toutefois de voir l'entente du couple s'altérer, soit que les relations personnelles entre conjoints se dégradent, ce qui menace la pérennité de l'entreprise, soit que l'insuffisance professionnelle d'un des conjoints crée des tensions qui conduisent à fragiliser le couple. Par ailleurs, les échanges entre conjoints peuvent devenir excessivement centrés sur le champ professionnel, réduisant à terme la diversité des ouvertures sociales et culturelles du couple. Enfin, la fusion des domaines professionnels et privés, qui concerne la plus grande partie du temps de vie des conjoints, ne doit pas réduire, jusqu'à l'annihiler, la liberté indispensable à chaque conjoint. Toutefois, quand ce modèle de vie trouve un juste équilibre, il constitue le cadre d'une émancipation à deux dont la puissance et la liberté n'ont pas d'équivalent dans le monde du travail.

Conclusion

C'est quoi ce bordel avec l'amour là ? Comment ça se fait qu'on devient dingue à ce point ? T'imagine le temps qu'on passe à s'prendre la tête la-dessus ? Quand t'es seul tu te plains : est-ce que je vais trouver quelqu'un ? Quand t'as quelqu'un : est-ce que c'est la bonne ? Est-ce que je l'aime vraiment et est-ce qu'elle m'aime autant que moi je l'aime ? Est-ce qu'on peut aimer plusieurs personnes dans sa vie ? Pourquoi on se sépare ? Est-ce qu'on peut réparer les choses quand ça part en couille ? Toutes ces questions à la con qu'on se pose tout le temps ! [...] L'amour, l'amour, l'amour[1] *!*

Oui, c'est compliqué l'amour. Xavier – interprété par Romain Duris dans *Les Poupées russes* de Cédric Klapisch – a bien raison. Le problème, c'est qu'il va et vient sans trop de logique, c'est pourquoi on s'en méfiait tant dans les temps anciens. Mais il y a quand même des choses qui aident, et d'autres pas : le travail en fait partie.

La création d'un couple est toujours un heureux miracle, son échec un déprimant retour sur terre, au moins pour l'un des conjoints. Des joies sont immenses

1. Monologue de Xavier, *Les Poupées russes*, film de Cédric Klapisch, 2005.

et des douleurs affreuses, que parfois ni le temps ni le silence n'apaisent. Des pages et des chapitres se tournent, des livres se ferment et d'autres continuent à s'écrire, de l'eau coule sous les ponts et remplit un lac argenté, où se noient les « mon amour » et les *mots bleus*. Si la vie d'un couple était simple, cela se saurait, nous n'aurions pas derrière nous mille ans de romans et cent ans de cinéma pour tenter d'y comprendre quelque chose, et ce serait peut-être dommage. Quel que soit le contexte, officialisé ou non, légitime ou pas, qu'il ait duré quelques mois, des années ou qu'il dure encore, un couple est toujours un puissant moment de vie, traversé par deux individus qui se parlent, s'écrivent, se regardent, se touchent, essaient de se comprendre et d'imaginer ensemble de quoi sera faite leur vie.

Comme une évidence, sans avoir besoin de se le dire, les couples tentent de construire un projet, un avenir, aussi original ou banal soit-il. S'ils y parviennent, ils penseront peut-être à définir leur travail de couple, pour y intégrer la totalité de leur travail, sous toutes ses formes, à tous les deux, parce que l'égalité entre eux leur semblera alors aller de soi.

« Le couple heureux qui se reconnaît dans l'amour, défie l'univers et le temps ; il se suffit, il réalise l'absolu[2] », écrit Beauvoir. Être en couple, jusqu'à présent, on n'a rien inventé de mieux, de plus agréable, de plus réciproque, de plus intéressant, de plus précieux, de plus solidaire. Que demander d'autre à la vie ? Que ça continue… si c'est possible. Dans un couple, chacun se donne à l'autre

2. *Le Deuxième Sexe*, *op. cit.*

et le reçoit : on ne barguigne pas, on ne mesure pas, on ne soupèse pas, l'égalité est un moyen, pas une fin en soi. La fin, c'est que chacun, à deux, soit plus heureux que seul. À deux, on peut plus facilement s'émanciper du monde moderne, le penser, le comprendre, jouir de ses inventions et de ses plaisirs, mais aussi lui résister, ne pas le subir, faire des choix et les assumer. Toute petite cellule vivante constituée par deux personnes solidaires, complémentaires et égales, en couple on peut commencer à le réinventer, ce monde.

Table des matières

Deuxième partie
Changer le travail pour faciliter la vie professionnelle des couples

Troisième partie
Le travail total du couple : un enjeu politique

Quatrième partie
L'égalité des femmes fait la liberté des hommes

Achevé d'imprimer par
LABALLERY NOUVELLE IMPRIMERIE
en décembre 2023
N° d'imprimeur : 311702
Dépôt légal : janvier 2024

Imprimé en France